Guida alla programma

Ruby

Come sviluppare applicazioni partendo da zero

Giuseppe Ciaburro

Dedicato ai miei figli Luigi e Simone e a mia moglie Tiziana

Copyright

Guida alla programmazione con Ruby
Autore: Giuseppe Ciaburro

Espansione online con articoli, esempi e codice sorgente:
http://www.ciaburro.it

Sommario

Capitolo primo
Introduzione

Ruby rappresenta un linguaggio di scripting interpretato per la programmazione orientata agli oggetti; il termine interpretato sta a significare che un'applicazione Ruby sarà eseguita senza che la stessa necessiti preventivamente di essere compilata.

Le origini

Il linguaggio Ruby è nato nel 1993 come progetto personale del giapponese Yukihiro Matsumoto (spesso chiamato semplicemente Matz), pertanto, Ruby rappresenta il primo esempio di linguaggio di programmazione sviluppato completamente in oriente che è riuscito a guadagnare abbastanza popolarità in occidente. Questo perché fino ad allora, in ragione di evidenti problemi dovuti alle differenze linguistiche, che si manifestano anche e soprattutto a causa del set di caratteri totalmente diverso da quello adottato nell'informatica internazionale, gli sviluppatori nipponici erano stati ghettizzati e, quindi, costretti ad utilizzare i prodotti che provenivano dall'altra parte del mondo per evitare di peggiorare lo stato di isolamento in cui imperversavano. Grazie a Ruby questa tendenza è stata spinta nella direzione contraria, ed oggi possiamo affermare che numerosi progetti di rilievo in ambito internazionale, sono stati scritti utilizzando la nuova piattaforma.

Il linguaggio Ruby trae origini da linguaggi ad oggetti quali lo Smalltalk, da cui ha tratto la maggior parte delle sue caratteristiche, quindi il Lisp quale linguaggio funzionale, a cui si devono i blocchi, ed infine il Perl, da cui derivano la sintassi e l'espressività.

Come già anticipato Ruby rappresenta un linguaggio interpretato, nel senso che per poter essere eseguito non necessita di una preventiva compilazione, come invece avviene per la maggior parte del linguaggi di programmazione, ma è sufficiente che sia presente un interprete che traduca le istanze e le trasformi in linguaggio comprensibile all'utente. L'interprete è stato scritto in linguaggio C, rilasciato sotto doppia licenza, GPL e Ruby license, che rappresenta una sorta di licenza BSD ovvero una famiglia di licenze permissive per il software.

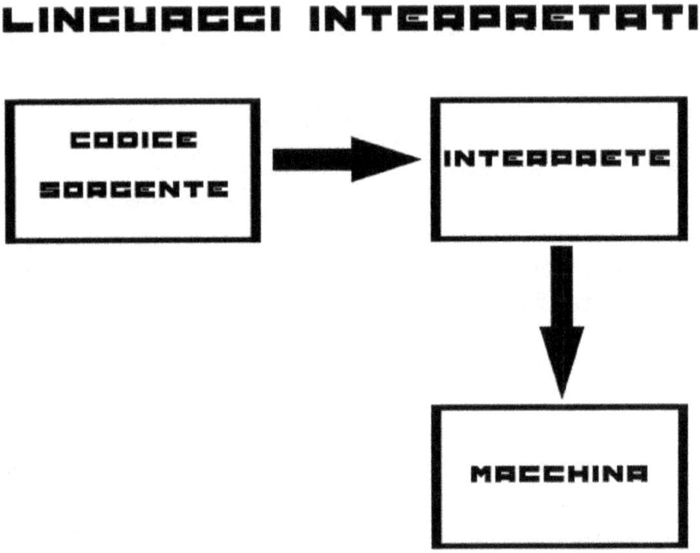

LINGUAGGI INTERPRETATI

Figura 1.1 – Linguaggi interpretati

Tutto questo per dire che con Ruby possiamo farci tutto quello che vogliamo, anche se la cosa migliore che potremmo fare è contribuire alla crescita della sua piattaforma. La distribuzione di Ruby si trova attualmente alla versione 2.1.3 ancora in fase di testing, mentre la versione 2.0 ha introdotto delle interessanti novità.

Il successo di Ruby è dovuto anche alla presenza di framework di successo per lo sviluppo di applicazioni web, come Nitro e Ruby On Rails che rappresentano degli ambienti integrati che permettono di realizzare interi siti con il minimo impegno offrendo una serie di librerie di codice.

Ruby Feature

Le caratteristiche peculiari di Ruby lo rendono un linguaggio di programmazione soprattutto semplice; il suo utilizzo si apprende in pochi giorni, senza presentare grosse difficoltà grazie ad una sintassi snella e davvero pratica. In aggiunta presentando a corredo un numero davvero corposo di librerie incluse nella distribuzione, ed integrabili con quelle installabili tramite RubyGems si rende possibile, come già anticipato, realizzare i nostri programmi in brevissimo tempo.

Ruby si presenta particolarmente dinamico, un esempio è fornito dal fatto che le variabili possono essere utilizzate senza la necessità di dichiararne il tipo, sarà allora l'interprete in grado di identificarle; tutto questo però senza perdere in precisione in quanto le operazioni non consentite tra tipi diversi provocheranno un errore, cioè non potrà mai accadere, in modo più o meno nascosto, che un valore di un certo tipo venga utilizzato come se fosse di tipo diverso (strong typing).

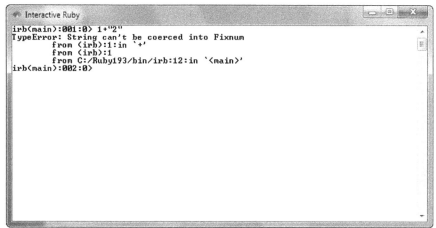

Figura 1.2 – Errore di strong typing

Grazie a questo, un operazione del tipo 1+"2" (somma di un numero e di una stringa) determinerà un errore di runtime (errore in fase di esecuzione), diversamente da linguaggi come php o perl che invece non permettono un controllo analogo (Figura 1.2).

In Ruby è possibile manipolare le classi ed i metodi a runtime, cioè possono essere aggiunti, cancellati o modificati in fase di esecuzione. In questo modo molte delle cose che negli altri linguaggi rappresentano delle strutture complesse possono in Ruby costituire dei semplici metodi; è altresì possibile aggiungere classi e metodi personalizzati, creando dei Domain Specific Language (DSL).

Un Domain Specific Language è un minilinguaggio adatto ad un problema specifico, l'ideale sarebbe avere un linguaggio per ogni scopo, ma senza il problema di doverlo ogni volta imparare da zero. D'altronde il cuore della programmazione è costruire degli strumenti che permettano di risolvere un problema, ed un linguaggio è lo strumento per eccellenza.

Ruby è perfetto per la costruzione di semplici DSL da utilizzare all'interno della propria applicazione, grazie alla sua sintassi ed alle sue funzionalità di metaprogrammazione. Abbiamo già specificato che Ruby è totalmente Object Oriented, questo si traduce nel fatto che in Ruby tutto è un oggetto. In tale aspetto riesce a surclassare il linguaggio ad oggetti per eccellenza e cioè Java, in quanto in Ruby non esiste alcuna distinzione tra tipi base e oggetti, allo stesso tempo la programmazione orientata agli oggetti in Ruby non risulta nè invasiva nè fastidiosa, e ciò è dovuto alla sua maggior purezza.

Figura 1.3 – Domain Specific Language

Una caratteristica particolarmente gradita dai programmatori Ruby è stata la possibilità di utilizzare i cosiddetti blocchi, che rappresentano una feature non comune nei linguaggi più diffusi e che permettono di rappresentare diversi problemi, anche molto diversi tra loro, con modalità chiare e significative.

Di conseguenza il Ruby risulta amato, allo stesso modo, dai programmatori professionisti che ne apprezzano le caratteristiche più avanzate, e dai principianti in quanto si presenta particolarmente adatto ad essere appreso come primo linguaggio. Infatti grazie alla sua semplicità, è possibile comprendere le nozioni di base della programmazione, senza doversi preoccupare di innumerevoli convenzioni e aspetti non strettamente legati alla realizzazione degli algoritmi numerici.

Inoltre possiamo dire che Ruby si presenta efficacemente espressivo in quanto fornisce molte strutture dati e tipi builtin (che rappresentano quelli già definiti all'interno del linguaggio); esempi sono:
- hash,
- array dinamici,
- regexp,
- numeri interi di dimensione arbitraria.

Le classi in Ruby presentano un'interfaccia molto dettagliata, che determina una semplicità nell'utilizzo nelle operazioni comuni.

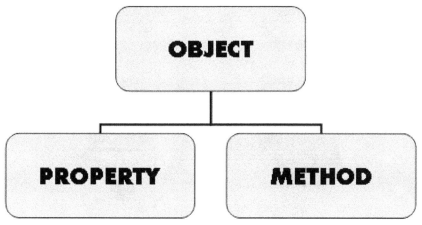

Figura 1.4 – Ruby è totalmente Object Oriented

Una caratteristica che ha determinato il successo di Ruby nel panorama mondiale della programmazione è stata la sua estrema portabilità; esistono versioni di Ruby per piattaforma Linux (suo ambiente naturale visto che in tale contesto è stato sviluppato), per sistemi operativi Unix-like, Mac OS e Windows in tutte le sue versioni. La versatilità di Ruby si manifesta nella sua interezza, dal momento che esiste una versione di Ruby anche per l'obsoleto sistema operativo con interfaccia orientata ai caratteri MS-DOS.

Strumenti per programmare con Ruby

Gli strumenti per programmare con Ruby sono pochi e tutti gratuiti: da questo punto di vista Ruby è poco impegnativo. Per iniziare, avrete bisogno di un computer, ma probabilmente userete lo stesso su cui state leggendo questo libro, in quanto non importa di quale tipo di computer disponete, quale sistema operativo è in esecuzione, o di quanta memoria e spazio su disco rigido avete a disposizione. Se il computer si accende ed ha un browser web, allora dispone di tutta la potenza necessaria per la programmazione con Ruby.

Questo è dovuto al fatto che, come già anticipato, Ruby è caratterizzato da un'estrema portabilità che gli consente di girare su qualsiasi sistema operativo e su qualunque computer, anche su un residuato bellico, di quelli che si recuperano nelle cantine dei centri di calcolo o nei mercatini dell'usato.

Figura 1.5 –Portabilità di Ruby

Per programmare con Ruby, potremo utilizzare un editor di testo qualsiasi e una semplice interfaccia a riga di comando. Entrambi questi strumenti sono già presenti su qualsiasi sistema operativo, quindi potremo ignorare questo passaggio. Alcuni trovano più comodo usare un ambiente di sviluppo integrato (IDE), in questo caso poiché c'è ne sono diversi disponibili, sia gratuiti che a pagamento, ci sarà solo l'imbarazzo della scelta. Nel mio caso preferisco l'ambiente NetBeans reperibile al seguente url:

http://www.netbeans.org

Si tratta di un popolare IDE open-source quindi gratuito, scritto interamente in Java, che funziona sulla maggior parte dei sistemi operativi. Netbeans è largamente utilizzato dai programmatori di tutto il mondo, tanto che nel tempo si è creata una grande comunità di utilizzatori e sviluppatori che si scambiano informazioni e esperienze. Dispone di un suo editor, di analizzatori di codice e convertitori, così da rendere possibile l'aggiornamento delle applicazioni in modo rapido e senza intoppi.

Infine avremo bisogno di un database, questo perché una delle potenzialità di Ruby, consiste proprio nella particolare semplicità con cui interagisce con le basi di dati. Infatti Ruby possiede tutti gli strumenti per gestire al meglio la connessione con un database e la ricerca delle informazioni.

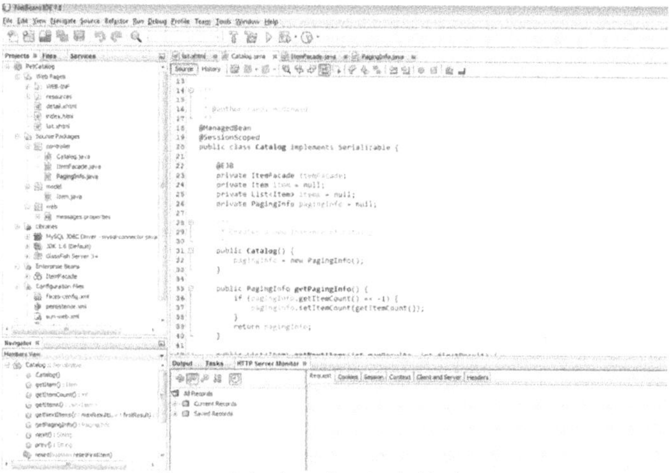

Figura 1.6 – Interfaccia di Netbeans

Per iniziare utilizzeremo il database open-source SQLite reperibile al seguente url:

http://www.sqlite.org

SQLite è una libreria software scritta in linguaggio C che implementa un DBMS SQL di tipo ACID incorporabile all'interno di applicazioni. Il suo creatore, D. Richard Hipp, lo ha rilasciato nel pubblico dominio, rendendolo utilizzabile quindi senza alcuna restrizione.
Permette di creare una base di dati (comprese tabelle, query, form, report) incorporata in un unico file, come nel caso dei moduli Access di Microsoft Office, Base di OpenOffice.org e Libre Office.
Un file con estensione .sqlite contiene un database per la raccolta di informazioni, come ad esempio informazioni sui clienti o un elenco di inventario. L'estensione del file .SQLite rappresenta un marcatore per il computer, segnalando che il file è accessibile solo con un programma software compatibile.

I dati salvati in un file con estensione .SQLite vengono formattati in formato tabella. Ogni colonna della tabella rappresenta un "campo" e contiene informazioni caratterizzate da un'unica proprietà; ogni riga rappresenta un "record" e contiene tutte le informazioni riguardanti una specifica entità.

Figura 1.7 – Pannello di amministrazione di SQlite

A questo punto, dopo aver procurato gli strumenti appena visti, saremo pronti per iniziare a programmare con Ruby, basterà armarci di pazienza e tanta voglia di imparare senza preoccuparci di null'altro, in quanto partiremo da zero senza la necessità di avere già delle competenze nel campo della programmazione.

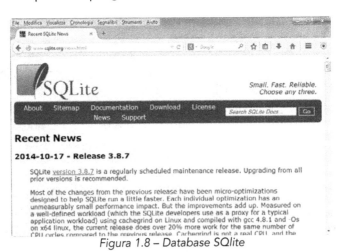

Figura 1.8 – Database SQlite

Capitolo secondo
Per iniziare

In questo capitolo analizzeremo gli strumenti necessari per poter iniziare a programmare con Ruby ed in particolare per poter sfruttare le potenzialità di questo linguaggio di scripting. Vedremo quindi quali software installare sul nostro computer per poter da subito iniziare a sviluppare delle applicazioni.

Il software

Vediamo innanzitutto quale software dobbiamo prima procurarci e
quindi installare sulla nostra macchia per poter iniziare a programmare
con Ruby. I pacchetti che dovremo installare sono:
- l'interprete Ruby;
- l'IDE Netbeans;
- il database SQlite.

L'interprete Ruby consentirà la traduzione del nostro codice Ruby in un
linguaggio comprensibile al nostro computer e che gli permetterà di
eseguire le istruzioni in esso contenute. La versione corrente
dell'intepete Ruby è la 1.9.3 che rappresenta quella stabile ed è per
questo che negli esempi che ci accompagneranno nei capitoli successivi ci riferiremo a tale versione.

Per poter usufruire di un ambiente integrato di programmazione, in
modo da velocizzare le operazioni di scrittura del codice, di debugging
e di distribuzione, utilizzeremo l'IDE Netbiens.

Infine utilizzeremo il Database SQlite, come già detto, si tratta di un
Relational DBMS embedded, ovvero disponibile sotto forma di libreria
che è inclusa in un'applicazione.

Non vi è alcun database che gira in background e tutte le operazioni
che devono essere effettuate su tale database vengono lanciate
dall'applicazione sotto forma di chiamate a funzioni contenute nella libreria SQLite.

C'è da dire che come Database non risulta particolarmente perfor-mante. Già il fatto che materializza le strutture dati su un singolo file memorizzato localmente all'applicazione, fa capire che può essere im-piegato in contesti in cui non occorre avere il massimo delle perfor-mance (accessi in concorrenza, grosse quantità di dati, join tra più ta-belle, ...).

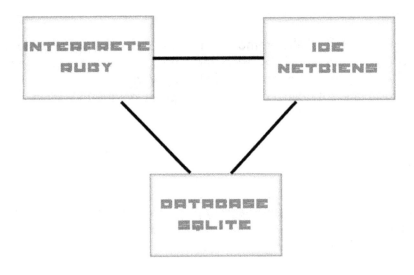

Figura 2.1 – Software per applicazioni Ruby

Eppure nei contesti mobile, dove comunque le strutture dati non sono molto complesse, SQLite risulta una soluzione molto versatile e como-da.

In tutti e tre i casi possiamo tranquillamente scaricare il software dalla rete, in quanto la programmazione con Ruby è tutta open source e, quindi, liberamente scaricabile su internet, dove possiamo trovare dei siti che, oltre a fornire procedure dettagliate per il download della ver-sione corrente del software, forniscono anche una soddisfacente do-cumentazione.

Naturalmente prima di scaricare le versioni del software dovremo in-formarci sul tipo di macchina a nostra disposizione e sul sistema opera-tivo su di essa installato.

Ricordiamo infine che Ruby è disponibile praticamente per tutti i siste-mi operativi in circolazione.

Installazione

In informatica, l'installazione è la procedura di copia sulla macchina e di configurazione di un software. Generalmente il software viene distribuito sotto forma di pacchetto di file compressi che comprende un'interfaccia che ne facilita e automatizza l'installazione (installer). L'installazione crea delle cartelle sul disco dove sono contenuti tutti i file utilizzati per la configurazione del programma, i collegamenti per facilitarne l'esecuzione e scrive i necessari parametri di configurazione.

Figura 2.2 – Logo open source

Di seguito analizzeremo le procedure di installazione del software appena menzionato distinguendo per sistema operativo.

Installazione su Windows

Ruby supporta il sistema operativo Windows, anzi le performance che manifesta sono a dir poco eccellenti, anche se il sistema nativo del Ruby è, come sappiamo, Linux.

Per installare Ruby utilizzeremo un metodo piuttosto veloce che sfrutta la possibilità che offrono tutti gli applicativi Windows di utilizzare delle procedure di installazione automatizzate, i cosiddetti installer, attraverso i quali la fase di installazione del software si riduce da parte dell'utente alla necessità di dover cliccare, una serie di volte su dei bottoni con la scritta avanti.
In questo caso la procedura risulta particolarmente vantaggiosa in quanto, con un solo file, si riesce ad installare tutto il software necessa-

rio per poter essere immediatamente operativi. In particolare installeremo l'interprete Ruby, l'interactive Ruby (Irb), che rappresenta una shell che permette di interagire in tempo reale con il linguaggio Ruby. Irb risulta particolarmente utile sia in fase di apprendimento sia in fase di "sperimentazione".

Figura 2.3 – RubyInstaller

Infine installeremo Rubygems, un gestore di pacchetti per il linguaggio di programmazione Ruby, che fornisce un formato standard per distribuire i programmi e le librerie scritte in Ruby; è inoltre uno strumento progettato per facilitare la gestione dell'installazione dei pacchetti aggiuntivi e per la loro distribuzione.

In realtà potremmo seguire anche un secondo metodo, leggermente più complesso, che richiede che siano installati i componenti software separatamente; in questo modo il tempo perso per eseguire tutte le procedure, che comunque sfrutteranno gli installer, sarà compensato dalla possibilità di personalizzare l'installazione e di assumere un maggiore controllo su quello che viene aggiunto sul nostro computer.

Figura 2.4 – Versioni correnti di Ruby

Ma applichiamo il primo metodo: sarà necessario procurarsi il one-click installer, che rappresenta un classico file di Setup per Windows, la cui installazione richiede soltanto di cliccare sul bottone Avanti per un certo numero di volte. La versione corrente stabile del file è la 1.9.3 disponibile al seguente url:

http://Rubyinstaller.org/downloads/

RubyInstaller è un programma di installazione per Windows che contiene, come già detto, il linguaggio Ruby stesso, l'interactive Ruby, dozzine di estensioni e pacchetti, RubyGems, un ambiente di esecuzione e un file di aiuto che contiene l'intero testo del libro "The book of Ruby".

Passiamo ora al software RubyGems, ci serviremo proprio di questo componente per installare ulteriori pacchetti sul nostro computer.
RubyGems rappresenta un gestore di pacchetti per il linguaggio di programmazione Ruby che fornisce un formato standard, per distribuire i programmi e le librerie scritte in Ruby, chiamato gems (gemme). RubyGems è inoltre uno strumento progettato per facilitare la gestione dell'installazione di componenti aggiuntivi e per la loro distribuzione.

Figura 2.5 – RubyGems Documentation Index

Per installare le cosiddette gemme basterà aprire il prompt dei comandi Dos e dopo aver verificato di avere una connessione internet attiva, per installare, ad esempio, il framework Rails, sarà necessario impartire il seguente comando:

```
gem install rails -y
```

In questo modo l'installazione del framework sarà gestita in maniera automatica ed indipendente da RubyGems, senza richiedere ulteriore collaborazione da parte nostra. Alla fine della procedura ci accorgeremo di avere un ambiente perfettamente funzionante.

Per quanto riguarda la manutenzione del software installato, per consentire cioè di tenere aggiornato il pacchetto, si potrà utilizzare, ancora una volta, il software RubyGems che ci consente di effettuare un aggiornamento delle librerie. Per fare questo sarà necessario aprire la console di Ruby ed utilizzare il comando:

```
gem update -y
```

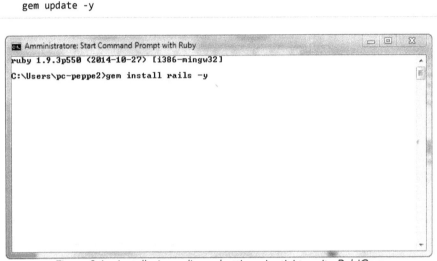

Figura 2.6 – Installazione di pacchetti aggiuntivi tramite RubiGem

Passiamo ora ad installare l'ambiente di sviluppo integrato Netbiens; scarichiamo dapprima il software dal seguente url:

https://netbeans.org/downloads/

La pagina indirizza automaticamente all'ultima versione rilasciata ufficialmente. In verità ci sono diverse configurazioni di NetBeans, in quanto è una applicazione costituita da una struttura base e da un insieme variabile di moduli, che realizzano le diverse funzionalità disponibili nell'ambiente e che le permettono di supportare un ampio insieme di linguaggi, librerie e strumenti. La versione da scaricare è la NetBeans IDE 6.9.1 o precedenti, se invece si vuole scaricare l'ultima versione si dovrà utilizzare il plugin "Ruby and Rails", disponibile al seguente url:

http://plugins.netbeans.org/plugin/38549

Per alcune versioni è possibile anche scaricare una versione dell'ambiente in italiano. Tenete però presente che la traduzione non è completa e alle volte non accurata; consiglio quindi di usare sempre la versione in inglese.

Il programma di installazione suggerisce di installare NetBeans, nella cartella predefinita di Windows (C:\Program Files\NetBeans...). Non conviene seguire questa indicazione, ma è opportuno installare NetBeans (e gli eventuali programmi accessori come, ad sempio, Tomcat) in una cartella separata, destinata a contenere i programmi che non sono nativi Windows.

Figura 2.7 – Netbiens IDE

Il vantaggio di usare una cartella diversa è che evitiamo il sistema di protezione di Windows attivo sulla cartella Programmi che impedisce le modifiche ai file dei programmi, se non attraverso i diritti di amministratore. Questo sistema ostacola però l'auto aggiornamento di NetBeans.

Infine per essere completamente operativi sarà necessario installare un Database manager. Possiamo a tal proposito, ancora una volta, servirci di RubyGems attraverso il quale è possibile scaricare un pacchetto pre-compilato che include SQLite che rappresenta una libreria software scritta in linguaggio C che implementa un DBMS (Database Management System) in linguaggio SQL (Structured Query Language), incorporabile all'interno di applicazioni. A questo punto sarà necessario aprire il prompt dei comandi Dos e digitare il seguente comando:

```
gem install sqlite3
```

si otterrà il seguente risultato:

```
C:\Ruby193\esempi>gem install sqlite3
Successfully installed sqlite3-1.3.9-x86-mingw32
1 gem installed
Installing ri documentation for sqlite3-1.3.9-x86-mingw32...
Installing RDoc documentation for sqlite3-1.3.9-x86-mingw32...
```

In questo modo avremo aggiunto alla nostra installazione un database generico; resta inteso che potremo procedere all'istallazione di un qualsiasi DBMS salvo ricostruire i collegamenti separatamente con Ruby.

Installazione su Linux

Per installare Ruby su Linux, bisogna preventivamente verificare che Ruby non sia già installato nel proprio sistema, per fare questo basterà quindi scrivere in una finestra di terminale il comando:

```
which ruby
```

Se il risultato prodotto risulterà del tipo:

```
/usr/bin/which: no Ruby in (...)
```

sarà necessario installare Ruby; al contrario, in primo luogo, occorrerà verificare la versione presente sul nostro computer, digitando il seguente comando:

```
ruby -v
```

e nel caso risultasse obsoleta, procedere ad un aggiornamento della versione.
Fatto questo, la prima cosa da fare sarà procurarsi una versione funzionante di Ruby; l'interprete è disponibile per piattaforme Linux in diversi package managers:

- apt-get;
- yum;
- rpm;
- etc.

La scelta del pacchetto ricadrà su quello compatibile con la distribuzione Linux installata sul proprio computer.

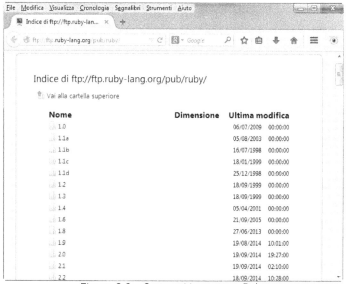

Figura 2.8 – Sorgenti interprete Ruby

Utilizzando una versione di Ruby fornita dalla propria distribuzione è possibile ottenere aggiornamenti in linea con il resto del sistema.

Di contro capita poi che la versione pacchettizzata non rappresenti l'ultima release; in tali condizione è necessario ricorrere all'installazione da sorgenti che possono essere recuperati dal seguente url (Figura2.8):

ftp://ftp.Ruby-lang.org/pub/Ruby/

Una volta recuperati i sorgenti dell'ultima versione stabile, si procederà ad effettuare un'installazione standard con il classico approccio che prevede una serie di passi. Quindi procederemo a estrarre l'archivio compresso attraverso il seguente comando:

```
tar xzvf pacch.tar.gz
```

che scompatta il pacchetto tar.gz e di solito crea una struttura ad albero più o meno articolata in sottodirectory, dove nella directory principale di questa struttura si trovano:

- uno o più file di documentazione ('readme', 'install', ecc.) che servono per ricordare il procedimento corretto per ottenere la compilazione;
- uno o più script preparati per facilitare questo procedimento;
- il file-make (o makefile).

Il comando appena visto crea la directory pacch/. Fatto questo sarà necessario spostarsi nella directory appena creata con il comando:

```
cd pacch
```

quindi procedere con:

```
./configure
```

che genera automaticamente il file-make. Successivamente attraverso il comando:

```
make
```

eseguire la compilazione generando i file eseguibili; ed infine con:

```
make install
```

installare gli eseguibili e gli altri file necessari nella loro destinazione prevista per il funzionamento; l'ultima fase deve essere eseguita con i privilegi dell'utente root.

È opportuno precisare che tali procedure possono in alcuni casi essere molto lunghe, quindi conviene eseguirle in background in modo da dedicarci nel frattempo ad altro.

Una volta installato l'interprete Ruby sarà necessario installare RubyGems che rappresenta un sistema di gestione per librerie ed applicazioni scritte in Ruby. Il software è scaricabile dal sito:

http://Rubygems.org/

consultando la sezione Download (Figura2.9).

Una volta scaricato sarà necessario eseguire l'estrazione e, dopo esser-
si spostati nella directory che lo contiene, impartire il seguente comando:

```
ruby setup.rb
```

che ci consentirà di installare il tutto. Fatto questo per eseguire una verifica sulla corretta installazione potremo utilizzare il comando gem, ad
esempio provando i comandi gem list o gem help.

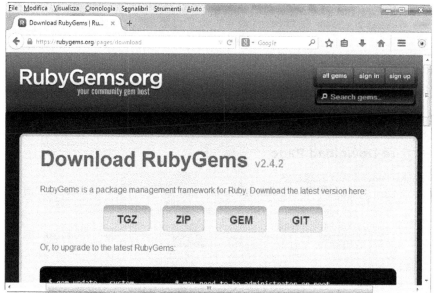

Figura 2.9 – Codice sorgente del pacchetto RubyGems

Dopo aver installato RubyGems le cose diventano davvero semplici in
quanto attraverso il suo utilizzo l'installazione dei pacchetti aggiuntivi
diventa una cosa da ragazzi.

Infine, come già visto per l'installazione sotto Windows, sarà necessario
installare un Database, se non già presente sul nostro sistema. In generale è possibile installare un DBMS generico; analizzeremo in questo
paragrafo l'installazione di SQlite attraverso la compilazione dei sorgenti.
È possibile scaricare l'intero pacchetto in formato compresso dal seguente url:

http://www.sqlite.org/download.html

dopo aver scaricato il file:

```
sqlite-autoconf-3080700.tar.gz
```

sarà allora necessario spostarsi nella cartella local della partizione riservata agli utenti:

```
cd /usr/local
```

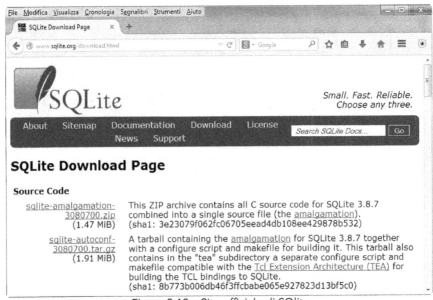

Figura 2.10 – Sito ufficiale di SQlite

ed estrarre i file attraverso il seguente comando:

```
tar xvf sqlite-autoconf-3080700.tar.gz
```

a questo punto spostarsi nella cartella appena estratta con il seguente comando:

```
cd sqlite-autoconf-3080700
```

fatto questo digitare la seguente serie di comandi:

```
./configure
make
make install
```

il comando make install genererà in output una sequenza di istruzioni, a dimostrazione del fatto che la procedura di installazione del database si è conclusa positivamente, ed il software è stato installato nella cartella /usr/local/bin.

Installazione su Mac OS X

Per gli utenti del sistema operativo Mac OS X l'istallazione del software necessario per programmare con Ruby rappresenta davvero una cosa semplice. Questo perché con l'uscita di Leopard, Apple ufficializza il supporto a RoR (acronimo di Ruby on Rails), inserendolo direttamente nell'installazione base del proprio OS. L'inconveniente è dato dal fatto che comunque dovremo provvedere ad eseguire l'installazione del database.

Successivamente si supporrà installato sul sistema operativo il pacchetto Xcode, che se non già presente risulterà installabile dal cd di Mac OS X, altrimenti disponibile al seguente url:

http://developer.apple.com/

Nel caso si possedesse una versione precedente del sistema operativo è comunque confortante il fatto che l'istallazione del pacchetto assume le stesse difficoltà che presenta l'installazione di una qualsiasi applicazione, quindi nessuna. È da precisare che esiste un pacchetto autoinstallante comprendente tutto il software necessario per Mac OS X, denominato Locomotive, che è possibile recuperare al seguente url:

http://locomotive.raaum.org/

In tale pacchetto è previsto il database SQLite che viene installato contestualmente alle altre applicazioni. Detto questo verifichiamo preventivamente se sul nostro computer sia presente RoR; per farlo basterà lanciare questo comando:

```
ruby -v; rails -v
```

che nel caso restituisse una cosa del genere:

```
Ruby 1.8.6 (2007-06-07 patchlevel 36) [universal-darwin9.0]
Rails 1.2.3
```

confermerebbe la presenza di RoR sul pc ma ne dichiarerebbe anche una versione obsoleta, visto che la versione di Rails attualmente stabile è la 4.2. In questo caso per aggiornare la versione, sarà necessario aggiornare il software RubyGems, che come già indicato, ci consente di effettuare un aggiornamento delle librerie.

In seguito potremo lanciare un aggiornamento di tutte le gemme già presenti nel sistema; c'è da precisare però che l'aggiornamento di Rails non installa il software activeresources, quindi installeremo anche questo:

```
sudo gem update --system
sudo gem update
sudo gem install activeresource
```

Per completare la procedura di installazione manca il database SQlite; ricordiamo che SQlite è rilasciato sotto licenza public domain, dove l'espressione pubblico dominio indica in generale il complesso e la globalità delle informazioni, insuscettibili di appropriazione esclusiva da parte di alcun soggetto pubblico o privato, e che sono invece disponibili al libero impossessamento ed uso da parte di chiunque.

Figura 2.11 – Licenza di SQlite

SQlite è scaricabile al seguente url:

http://www.sqlite.org/download.html

Scaricare la versione corrente disponibile in formato sorgente, sottoforma del file:

```
sqlite-autoconf-3080700.tar.gz
```

eseguire quindi la seguente serie di comandi:

```
$tar xvfz sqlite-autoconf-3080700.tar.gz
$cd sqlite-autoconf-3080700
$./configure --prefix=/usr/local
$make
$make install
```

Per verificare la corretta installazione è possibile eseguire il seguente test da linea di comando:

```
$sqlite3
SQLite version 3.8.07.0 2014-10-10 11:53:05
Enter ".help" for instructions
Enter SQL statements terminated with a ";"
sqlite>
```

Primi passi con Ruby

Dopo aver passato un pò di tempo a studiare le procedure di installazione del software passiamo a qualcosa di più interessante, quantomeno di più pratico. Verificheremo allora la corretta installazione del software.

Apriamo innanzitutto la finestra Start Command Prompt con Ruby, disponibile nel menu Start ➜ Ruby 1.9.3.-p550 ➜ Start Command Prompt with Ruby, quindi iniziamo dall'interprete Ruby digitando il seguente comando:

```
ruby -v
```

ottenendo qualcosa di simile (Figura 2.12):

```
ruby 1.9.3p550 (2014-10-24) [i386-mingw32]
```

Nel caso dovessero verificarsi degli errori provate a verificare se dopo aver installato il software la variabile d'ambiente risulta impostata correttamente.

L'interprete Ruby si occupa dell'esecuzione dei programmi, le sue principali opzioni, sono visualizzabili attraverso l'opzione -help.

```
ruby -help
```

il risultato è riportato nella Figura 2.13.

Vediamo nel dettaglio solo alcune delle opzioni disponibili:
-c: con l'utilizzo di tale opzione viene controllata la sintassi dello script, senza che lo stesso venga eseguito. Nel caso il controllo dia esito positivo viene notificato il messaggio "Syntax OK".

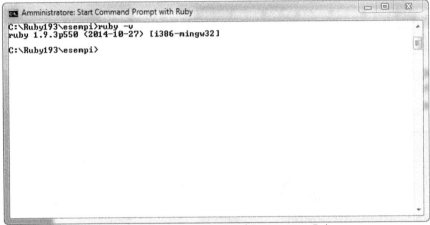

Figura 2.12 – Start Command Prompt con Ruby

-d, **--debug**: tale opzione deve essere utilizzata per il debug di un file, la variabile $DEBUG è impostata a "true".
-v, **--verbose**: fornisce informazioni aggiuntive che vengono dirottate verso l'output; tra le altre vengono esplicitate la versione dell'interprete, dei warning (che rappresentano dei messaggi di avvertimento) in fase di compilazione.
-w: risulta simile all'opzione –v, vista in precedenza, ma in questo caso non fornisce la versione di Ruby; con tale opzione può essere omesso il nome del programma da linea di comando, cosicché viene letto dallo standard input.
-e comando: con tale opzione viene eseguito il comando fornito come argomento all'opzione.

Altre opzioni possono essere suggerite all'interprete impostando in modo opportuno le variabili d'ambiente. Una lista delle principali variabili d'ambiente utilizzate da Ruby è riportata di seguito:

- **RUBYOPT**: già impostata in fase d'installazione permette di passare delle opzioni addizionali all'interprete.

- RUBYPATH: fornisce la lista di directory nelle quali Ruby cercherà le applicazioni nell'ipotesi in cui risulti specificato il flag -S.

- RUBYLIB: fornisce la lista di directory contenenti librerie aggiuntive.

- RUBYSHELL: rappresenta il persorso della shell di sistema, che risulta però valido solo per piattaforme Windows e OS/2.

```
C:\Ruby193\esempi>ruby --help
Usage: ruby [switches] [--] [programfile] [arguments]
  -0[octal]       specify record separator (\0, if no argument)
  -a              autosplit mode with -n or -p (splits $_ into $F)
  -c              check syntax only
  -Cdirectory     cd to directory, before executing your script
  -d              set debugging flags (set $DEBUG to true)
  -e 'command'    one line of script. Several -e's allowed. Omit [programfile]
  -Eex[:in]       specify the default external and internal character encodings
  -Fpattern       split() pattern for autosplit (-a)
  -i[extension]   edit ARGV files in place (make backup if extension supplied)
  -Idirectory     specify $LOAD_PATH directory (may be used more than once)
  -l              enable line ending processing
  -n              assume 'while gets(); ... end' loop around your script
  -p              assume loop like -n but print line also like sed
  -rlibrary       require the library, before executing your script
  -s              enable some switch parsing for switches after script name
  -S              look for the script using PATH environment variable
  -T[level=1]     turn on tainting checks
  -v              print version number, then turn on verbose mode
  -w              turn warnings on for your script
  -W[level=2]     set warning level; 0=silence, 1=medium, 2=verbose
  -x[directory]   strip off text before #!ruby line and perhaps cd to directory
  --copyright     print the copyright
  --version       print the version
```

Figura 2.13 – L'opzione -help di Ruby

Documentazione Ruby

Dopo aver esaminato la corretta installazione dell'interprete Ruby possiamo verificare se la documentazione di Ruby sia stata installata correttamente.

A tal proposito ricordiamo che Ruby come componente aggiuntivo propone ri che rappresenta un programma che contiene tutta la documentazione relativa agli oggetti quali metodi, classi, e funzioni. Potremo condurre tale verifica digitando:

```
ri puts
Nothing known about .puts
```

che, come visto, fornisce un messaggio di errore in quanto mi ricorda che la mia richiesta è troppo generica e deve essere affinata per poter restituire delle informazioni dettagliate.

Per specificare meglio di che metodo si tratti, utilizzeremo la convenzione di indicare il nome dei metodi attraverso la seguente notazione:
- nomeclasse#nomemetodo – per i metodi di istanza;

- nomeclasse::nomemetodo – per i metodi di classe.

Allora scriveremo:

```
ri Kernel#puts
```

per ottenere informazioni sul metodo puts della classe Kernel.

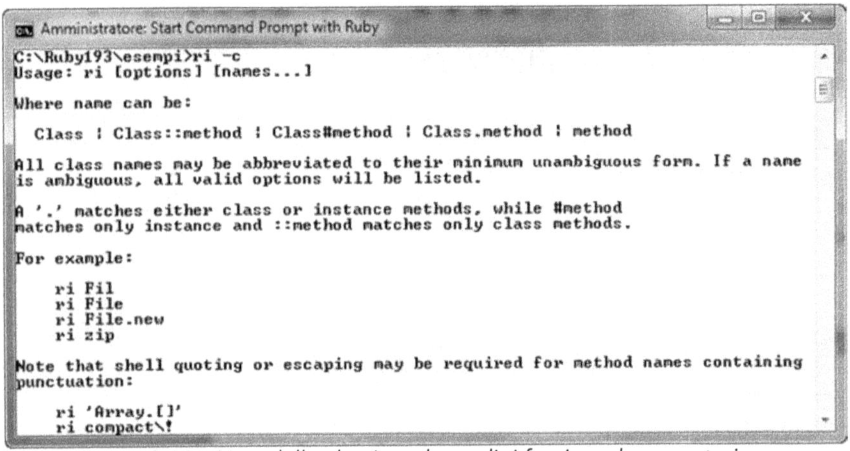

Figura 2.14 – Lista delle classi per le quali ri fornisce documentazione

In questo modo ricaveremo il seguente risultato:

```
C:\Ruby193>ri Kernel#puts
-------------------------------------------------------Kernel#puts
     puts(obj, ...)     => nil
-----------------------------------------------------------------
     Equivalent to
          $stdout.puts(obj, ...)
```

Per ottenere una lista delle classi per le quali ri fornisce documentazione digitare:

```
ri -c
```

si ottiene una lista molto lunga che può scorrere attraverso l'utilizzo del tasto enter.

Interactive Ruby

Un'altra applicazione che si può manifestare particolarmente utile è **irb** che rappresenta l'acronimo di Interactive Ruby; rappresenta una sorta di shell interattiva alla quale è possibile digitare tutti i comandi Ruby che potranno in questo modo essere eseguiti immediatamente (Figura 2.15).

Questa applicazione crea un ambiente in cui è possibile testare il codice Ruby, al fine di verificarne il corretto funzionamento, quindi si dimostra un ottimo strumento per sperimentare frammenti di programmi. Per testare il suo utilizzo basterà immettere una semplice espressione, quale ad esempio 2 + 2, per visualizzare immediatamente il risultato.

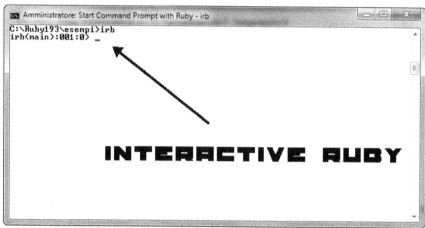

Figura 2.15 – Interactive Ruby

Proviamo allora il suo funzionamento attraverso una serie di esempi. Dapprima utilizziamo Ruby come un semplice calcolatore eseguendo una serie di operazioni banali, i risultati sono riportati nella Figura 2.16. Abbiamo in questo modo verificato la sintassi delle operazioni matematiche fondamentali.

Ma **irb** può essere utilizzato per fare qualcosa di più complesso rispetto alle semplici operazioni fin qui eseguite. Passiamo allora a fare sul serio, si fa per dire: scriveremo una semplice espressione con l'impiego delle più diffuse funzioni matematiche già incorporate in Ruby.

Iniziamo scrivendo:

```
irb(main):001:0> a=3**3;
irb(main):002:0* b=13;
irb(main):003:0* c=a+b
=> 40
```

Abbiamo in questo modo definito due variabili **a** e **b** attribuendo ad esse dei valori, quindi le abbiamo sommate ed immagazzinato il risultato nella variabile **c**.

Eseguiamo allora su tale valore una funzione matematica di comune utilizzo e cioè la radice quadrata (Math.sqrt), vediamo come:

```
irb(main):004:0> d=Math.sqrt(c)
=> 6.324555320336759
```

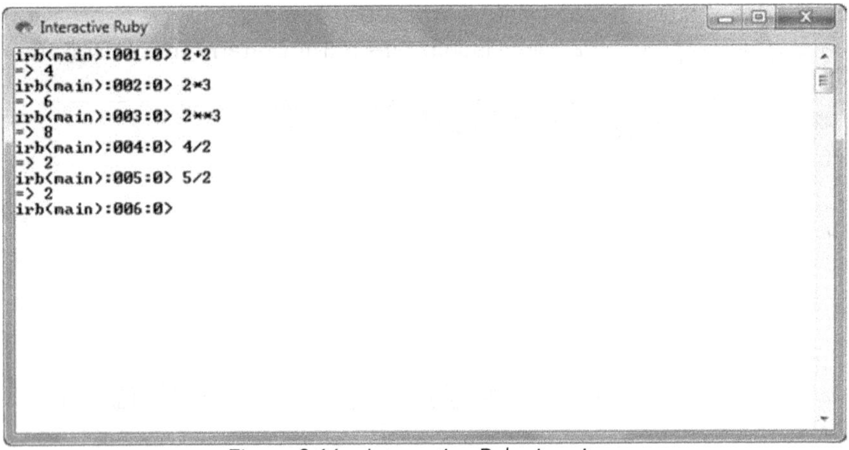

Figura 2.16 – Interactive Ruby in azione

Fatto questo stamperemo a video la famosa scritta con la quale si introduce qualsiasi linguaggio di programmazione ovvero Hello World!.

Per fare questo basterà definire un oggetto ed immagazzinare in esso la scritta; apriremo come sempre la console di Ruby e digiteremo al prompt le seguenti istruzioni:

```
C:\ >irb
irb(main):001:0> def saluto
irb(main):002:1> puts "Hello World!"
irb(main):003:1> end
=> nil
irb(main):004:0> saluto
Hello World!
=> nil
irb(main):005:0>
```

come è possibile verificare non abbiamo fatto altro che definire una nuova struttura attribuendo ad essa il nome saluto ed in seguito ne abbiamo richiamato il nome ottenendo il saluto voluto.

Capitolo terzo
Nozioni di base di Ruby

In questo capitolo introdurremo le nozioni di base del linguaggio di scripting Ruby, cercando di comprendere come sia possibile iniziare a scrivere dei semplici algoritmi per la risoluzione dei più diffusi problemi di calcolo.

I nomi in Ruby

Per iniziare ad introdurre i concetti di base sulla programmazione con Ruby, analizziamo le regole da seguire per scegliere correttamente i nomi di costanti, variabili, metodi, classi e moduli, che rappresentano gli elementi essenziali con i quali lavoreremo in questo ambiente.

Con il primo carattere Ruby individua il tipo di elemento che intende rappresentare; un nome allora può essere costituito da una lettera maiuscola, minuscola o dal simbolo underscore seguito da altri caratteri, che a loro volta possono essere una qualsiasi combinazione di lettere maiuscole e minuscole, underscore e cifre. I caratteri minuscoli corrispondono alle lettere minuscole dell'alfabeto, dalla a alla z, compreso il simbolo underscore, mentre i caratteri maiuscoli corrispondono alle lettere maiuscole dell'alfabeto dalla A alla Z e le cifre da 0 al 9.

In Ruby le variabili possono essere utilizzate senza alcuna dichiarazione preventiva ed il nome relativo ne caratterizza l'ambito in cui risultano definite (scope). Tale ambito può essere locale, globale, istanza, ecc. In particolare:
- le variabili locali devono iniziare con una lettera minuscola o con il carattere underscore.
- le variabili globali con il simbolo $ (dollaro).
- le variabili di istanza con il simbolo @ (chiocciola).
- le variabili di classe con due simboli @ (chiocciola).

Nella tabella 3.1 sono riportati una serie di esempi di nomi di variabili corretti.

Tabella 3.1 – Esempi di nomi di variabili

Nome	Tipo di variabile
nome = "Luigi"	nome è una variabile locale
@simone="vivace"	simone è una variabile di istanza
$eta_luigi=11	$eta_luigi è una variabile globale
@@var	@@var è una variabile di classe

Il nome di una costante inizia con una lettera maiuscola seguita da altri caratteri, mentre i nomi delle classi e dei moduli, devono iniziare con la lettera maiuscola, infine i nomi dei metodi e dei parametri relativi devono iniziare con una lettera minuscola o con il simbolo underscore "_". Allora scriveremo:

```
module Navi
  class Fregata
    def navigare
```

È opportuno precisare che, come accade per tutti i linguaggi di programmazione, anche Ruby presenta una lista di parole chiave, che non possono essere utilizzate in nessun altro modo. Tale lista è riportata nella tabella 3.2.

Tabella 3.2 – Lista delle parole riservate

Parole riservate	Descrizione
BEGIN	Dichiara tra parentesi graffe ({}) il codice che deve essere eseguito prima che il programma venga avviato.
END	Dichiara tra parentesi graffe ({}) il codice che deve essere eseguito dopo che il programma sia stato terminato.
Alias	Crea un alias per un metodo esistente, un operatore o una variabile globale
And	Operatore logico
Begin	Inizia un blocco di codice oppure un gruppo di istruzioni; è chiuso con end.
Break	Termina un ciclo while o until, oppure un metodo all'interno di un blocco.
Case	Confronta l'espressione con una clausola di corrispondenza. È chiuso con la parola riservata end.
Class	Definisce una classe; è chiusa con la parola riservata end.
Def	Definisce un metodo; è chiusa con la parola riservata end.
defined?	Si tratta di uno speciale operatore che stabilisce se una variabile, un metodo, un super me-

	todo oppure un blocco esiste.
Do	Inizia un blocco ed esegue il codice contenuto in tale blocco; è chiuso con la parola riservata end.
Else	Esegue il codice che segue, se la condizione preventiva non risulta vera.
Elsif	Esegue il codice che segue, se la condizione preventiva non risulta vera.
End	Termina un blocco di codice o un gruppo di istruzioni iniziate con begin, class, def, do, if, etc.
Ensure	Esegue la terminazione di un blocco; da utilizzare in seguito all'ultimo salvataggio.
False	Valore logico o booleano.
For	Inizia un ciclo for.
If	Esegue il codice che segue, se la condizione preventiva risulta vera.
In	Utilizzato in un ciclo for.
Module	Definisce un modulo.
Next	Salta nel punto immediatamente prima della esecuzione di un ciclo condizionale.
Nil	Indicativo di un oggetto vuoto, non inizializzato oppure invalido.
Not	Operatore logico.
Or	Operatore logico.
Redo	Salta nel punto immediatamente dopo della esecuzione di un ciclo condizionale.
Rescue	Valuta un'espressione dopo che viene sollevata un'eccezione; utilizzato prima del termine ensure.
Retry	Quando è chiamato al di fuori del termine rescue, ripete la chiamata ad un metodo; all'interno di rescue, salta all'inizio del blocco.
Return	Restituisce un valore come risultato di un metodo o di un blocco.
Self	Oggetto corrente.
Super	Chiama un metodo con lo stesso nome di una super class.
Then	Separatore utilizzato nei costrutti if, unless, when, case, e rescue.
True	Valore logico o booleano.
Undef	Crea un metodo indefinito nella classe corrente.
Unless	Esegue un blocco di codice se lo statement condizionale if risulta falso.
Until	Esegue un blocco di codice se lo statement condizionale while risulta falso.
When	Avvia un clausola in un costrutto case.

While	Esegue un blocco di codice, se lo statement condizionale while risulta vero.
Yield	Esegue il blocco passato da un metodo.

Costanti e Variabili

Per costante si intende un tipo di dato, il cui valore rimane invariato durante tutta l'esecuzione del programma. Allora nel momento in cui l'interprete si imbatte in una costante, deposita il valore relativo in una locazione di memoria ed ogni volta che nel programma comparirà una chiamata a tale costante si riferirà a questa locazione.

Diversamente per variabile ci si riferisce ad un tipo di dato il cui valore è variabile nel corso dell'esecuzione del programma. Anche in tal caso risulta possibile assegnarne un valore iniziale, si parlerà pertanto di inizializzazione della variabile. Come per le costanti anche per le variabili, sarà necessario utilizzare dei nomi che ci permetteranno di riferirci in maniera univoca alle specifiche locazioni di memoria in cui i relativi dati sono stati depositati.
Nella maggior parte dei linguaggi di programmazione è necessaria una dichiarazione preventiva delle variabili utilizzate all'interno del programma, dichiarazione effettuata nella parte iniziale prima della sezione esecutiva dello stesso. In Ruby tutto questo non è richiesto, in quanto il linguaggio non richiede la dichiarazione delle variabili; il tipo o la sua dimensione verrà decisa nel momento in cui verrà inizializzata.

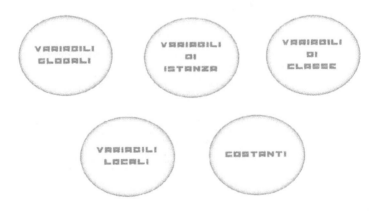

Figura 3.01 – Le variabili in Ruby

La fase di inizializzazione, allora, assume un importanza fondamentale in quanto rappresenta il momento in cui la variabile viene creata, tale momento coincide con quello in cui ad essa viene associato un dato valore. A differenza del linguaggi cosiddetti compilativi tale procedura può essere inserita in qualunque punto dello script, anche se i significati possono assumere valori differenti.

Il Ruby prevede cinque tipi di variabili:
1. variabili globali;
2. variabili d'istanza;
3. variabili di classe;
4. variabili locali;
5. costanti.
Come si può intuire, le variabili globali risultano accessibili a livello globale all'interno del programma, le variabili d'istanza appartengono ad un oggetto e sono visibili solo all'interno della classe in cui vengono inizializzate, le variabili di classe sono consultabili nell'ambito della classe di appartenenza e risultano visibili all'interno di tutti gli oggetti della classe in cui sono state inizializzate ed infine le variabili locali assumono significato solo ed esclusivamente nel settore di appartenenza, risultando visibili solo all'interno del metodo in cui vengono inizializzate.

Ruby utilizza caratteri speciali per specificare i diversi tipi di variabili, in questo modo attraverso l'analisi del nome della variabile sarà possibile risalire immediatamente al tipo di variabile.

Figura 3.02 – I nomi delle variabili

Come peraltro già anticipato in precedenza, ricordiamo che nell'attribuzione dei nomi alle variabili ed alle costanti viene adottata la seguente convenzione:
- le variabili locali devono iniziare con una lettera minuscola o col carattere underscore;
- le variabili globali con il simbolo $ (dollaro);
- le variabili di istanza con il simbolo @ (chiocciola);
- le variabili di classe con due simboli @ (chiocciola);
- una costante inizia con una lettera maiuscola seguita da altri caratteri.

I nomi delle variabili possono contenere lettere, cifre e il carattere underscore (_); questi appena elencati sono gli unici caratteri consentiti. Il nome deve iniziare con una lettera; se altrimenti si intende utilizzare una cifra come primo caratterere, allora l'unico modo è quello di utilizzare il carattere underscore. Tale procedura è consentita, ma risulta allo stesso tempo vivamente sconsigliata.

Ricordiamo poi che il Ruby è case sensitive, nel senso che le lettere maiuscole e minuscole rappresentano entità differenti. Allora i nomi Luigi, luigi e LUIGI si riferiscono a tre variabili diverse. Infine è opportuno segnalare che le parole riservate del Ruby non possono essere utilizzate come nomi di variabili; per avere una lista delle parole riservate fare riferimento alla Tabelle 3.2.

Nella Tabella 3.3 riportiamo un elenco di esempi di nomi di variabile corretti ed errati.

Tabella 3.3 – Nomi di variabili

Nome	Valutazione
Contatore	Corretto
luigi_2003	Corretto
simone_ciaburro	Corretto
_2008	Consentito ma sconsigliato
Luigi+ciaburro	Errato in quanto contiene il carattere +
when	Errato in quanto rappresenta una parola riservata
2005_simone	Errato in quanto il primo carattere è una cifra

Per la maggior parte dei compilatori, un nome di variabile può contenere fino a 31 caratteri, in modo da poter adottare per una variabile un nome sufficientemente descrittivo, in Ruby tale limite non viene indicato.

La scelta del nome assume un'importanza fondamentale al fine di rendere leggibile il codice; questo perché un codice leggibile sarà facilmente mantenibile anche da persone diverse dal programmatore che lo ha creato.

Abbiamo parlato di inizializzazione della variabile intesa quale operazione di creazione della variabile; vediamo a questo punto un esempio
banale:

```
a = 1
```

in tale istruzione è stato utilizzato l'operatore di assegnazione (segno di
uguale =), con il significato di assegnare appunto alla locazione di
memoria individuata dal nome **a** il valore **1**. Come già anticipato il tipo
attribuito alla variabile viene stabilito in fase di inizializzazione; sarà allora che si deciderà se assegnare ad essa una stringa di testo, un valore
booleano (true e false), un numero decimale etc.

Pseudovariabili

In aggiunta alle variabili appena elencate, vi sono le cosiddette pseu-
dovariabili che assumono l'aspetto delle variabili locali, ma si comportano come delle costanti. Le operazioni di assegnazioni non possono
essere applicate alle pseudo variabili, nel senso che ad esse non è possibile assegnare un valore. Di seguito è riportato un elenco delle pseu-
dovariabili previste dal Ruby:
- **self** - si riferisce sempre all'oggetto attualmente in esecuzione;
- **true** - valore che rappresenta vero;
- **false** - valore che rappresenta falso;
- **nil** – rappresenta il valore senza significato assegnato alle variabili non
inizializzate;
- **__FILE__** - nome del file sorgente corrente;
- **__LINE__** - numero della linea corrente del file sorgente.

Variabili predefinite

Le variabili predefinite rappresentano una collezione di variabili speciali
i cui nomi sono formati dal simbolo dollaro ($) seguito da un carattere
singolo. Ad esempio, la variabile identificata dal nome $$ contiene il
numero identificativo del processo corrente in uso all'interprete Ruby.
Nella Tabella 3.4 sono riportate le variabili predefinite previste dal
Ruby.

Tabella 3.4 – Variabili predefinite

Variabile	Descrizione
$!	Ultimo messaggio d'errore
$@	Posizione dell'errore

$/	Separatore dei record di input
$\	Separatore dei record di output
$,	Separatore dei record di output tra gli argomenti da stampare
$;	Separatore di default per il metodo split
$.	Numero dell'ultima linea letta dal file di input corrente
$<	Sinonimo di ARGF, oggetto predefinito, che rappresenta il flusso di input che potrà essere letto dal programma
$>	Sinonimo di $defout che rappresenta una costante che ci indica dove stampare l'output
$0	Il nome del file dello script Ruby in esecuzione
$$	PID dello script Ruby in esecuzione
$_	Ultima stringa letta da gets
$&	Ultima stringa trovata in una richiesta
$~	L'ultimo riscontro di una richiesta, sottoforma di array di sottoespressioni
$n	N-esima sottoespressione riscontrata nell'ultimo match
$=	Flag case-insensitivity (sensibilità alla differenza tra maiuscole/minuscole)
$0	Nome dello script Ruby
$*	Argomenti da riga di comando
$?	Stato di uscita dell'ultimo processo figlio eseguito
$:	Fornisce un array che contiene le directory di ricerca quando un file viene caricato attraverso i metodi load e require
$"	Array contenente i nomi dei moduli caricati in seguito ad una richiesta
$DEBUG	Fornisce valore vero se risultano specificate le opzioni da riga di comando -d oppure --debug
$defout	Output di destinazione per i comandi print e printf
$F	Riceve l'output da split quando risulta specificata l'opzione -a
$FILENAME	Nome del file corrente che deve essere letto da ARGF
$LOAD_PATH	Fornisce un array che contiene le directory di ricerca quando un file viene caricato attraverso i metodi load e require
$SAFE	Livello di sicurezza
$stdin	Lo standard corrente di input
$stdout	Lo standard corrente di output
$stderr	Lo standard corrente dell'errore di output
$VERBOSE	Vero se il flag verbose è impostato attraverso le opzioni -v, -w, or --verbose dell'interprete Ruby
$-0	Vedi $/
$-a	Vero se risulta impostata l'opzione -a

$-d	Vedi $DEBUG
$-F	Vedi $;

Simboli

Un simbolo in Ruby è simile ad un nome di variabile, ma è preceduto dal carattere: (due punti); i simboli non rappresentano dei tipi di dato, ma invece costituiscono una sorta di identificatori che ci permettono di rappresentare, internamente al programma, delle variabili. Un esempio di simbolo è riportato di seguito:

```
:nomesimbolo
```

nel caso esista una variabile, un metodo o un'istanza con nome uguale a **nomesimbolo** allora ci si riferirà direttamente ad essa.

Gli operatori

Il linguaggio di scripting Ruby supporta una vasta gamma di operatori, come del resto ci si aspetta da un linguaggio moderno e flessibile. Tuttavia, in sintonia con la filosofia Ruby decisamente object-oriented, la maggior parte degli operatori rappresentano, in effetti, delle chiamate ad altrettanti metodi. Tale flessibilità ci consente di modificare la semantica di questi ultimi in modo da permettere di creare nuovi operatori all'occorrenza.
Abbiamo appena detto che la maggior parte degli operatori rappresentano dei metodi, allora vediamone un esempio. Consideriamo la seguente istruzione:

```
vara. + varb
```

in essa l'operatore + viene considerato un metodo applicato alla variabile identificata dal nome **vara**, si noti la presenza dell'operatore . (punto), caratteristico dell'applicazione di un metodo, mentre la variabile **varb** viene considerata quale parametro e passata dal metodo.

Operatori aritmetici

Passiamo allora ad analizzare gli operatori ammessi dal Ruby; iniziamo con il considerare l'operatore di assegnazione che è rappresentato dal segno uguale (=). È opportuno ricordare che il suo utilizzo nella programmazione è diverso dal suo uso consueto in matematica, così se scriviamo:

```
a = b
```

non vogliamo intendere "a è uguale a b", mentre invece vogliamo significare "assegna il valore di b alla variabile a". Ne consegue che in un'istruzione di assegnazione, la parte a destra del segno di uguale può essere una qualsiasi espressione, mentre la parte a sinistra deve essere necessariamente il nome di una variabile.

Per tale motivo scriveremo:

```
variabile = espressione
```

cosicchè durante l'esecuzione dell'istruzione viene valutata l'espressione ed il risultato viene assegnato alla variabile. Il tipo del dato rappresentato dalla variabile viene stabilito nella fase di inizializzazione, ne consegue che per avere una variabile che memorizzi numeri decimali dovremo scrivere:

```
a = 1.0
```

sottolineando il fatto che nell'ipotesi di valore unitario, per conservare il tipo numero decimale dovremo necessariamente aggiungere l'operatore decimale cioè il punto.

Per effettuare delle semplici operazioni aritmetiche, il Ruby utilizza gli operatori matematici, a tal proposito ne dispone di cinque del tipo binario che operano cioè su due operandi. Tali operatori, sono elencati nella tabella 3.5.

Tabella 3.5 – Lista di operatori aritmetici binari

Simbolo	Operatore	Descrizione
+	Addizione	Somma due operandi
-	Sottrazione	Sottrae il secondo operando dal primo
*	Moltiplicazione	Moltiplica due operandi
/	Divisione	Divide il primo operando per il secondo
%	Modulo	Fornisce il resto della divisione del primo operando per il secondo

Sui primi quattro operatori riportati nella tabella 3.5 non c'è nulla da aggiungere, per quanto riguarda il modulo solo una precisazione: il modulo fornisce il resto della divisione del primo operando per il secondo. Ad esempio se operiamo le seguenti divisioni risulta:

90 / 8 fornisce come modulo 2
8 / 4 fornisce come modulo 0

Passiamo ora a vedere con quale ordine vengono eseguite le operazioni nelle espressioni che contengono più di un operatore. Ad esempio nell'espressione seguente viene eseguita prima l'addizione o la moltiplicazione?

```
a = 2 + 3 * 4
```

Se si esegue prima la somma otteniamo:

```
a = 5 * 4
```

che fornisce come risultato 20, mentre se si esegue prima la moltiplicazione, si ottiene il calcolo seguente:

```
a = 2 + 12
```

ed alla variabile **a** viene assegnato il valore 14. Se ne deduce che per evitare inconvenienti risulta necessario stabilire delle regole che vincolino l'ordine di esecuzione delle operazioni. Nel Ruby tale ordine, viene detto precedenza degli operatori e risulta definito in modo estremamente esauriente. Accade così che ogni operatore assuma un proprio valore di precedenza, in modo tale che nel momento in cui un'espressione è calcolata, vengono eseguite dapprima le operazioni che presentano un operatore con precedenza maggiore rispetto agli altri.
Per quanto riguarda gli operatori aritmetici, è presto detto in quanto, conservano le regole proprie dell'aritmetica, quindi vengono eseguite prima le moltiplicazioni e divisioni dopodiché si passa alle addizioni e sottrazioni. Per quanto riguarda operatori che presentano lo stesso ordine di precedenza si segue l'espressione da sinistra verso destra. Analizziamo quindi l'espressione che segue:

```
a = 10 % 2 * 3
```

gli operatori % e * assumono lo stesso valore di precedenza, ma essendo % quello più a sinistra viene eseguito per primo.

Nel caso invece si volesse applicare una precedenza diversa si potrebbero utilizzare le parentesi, infatti, come peraltro previsto dall'aritmetica, qualsiasi espressione contenuta fra parentesi deve essere calcolata per prima. Pertanto non ci resta che analizzare l'esempio seguente:

```
expr = 1 + 3 * 4
```

che fornisce come risultato 13; se avessimo voluto prima eseguire l'addizione avremmo dovuto scrivere:

```
expr = (1 + 3) * 4
```

che fornisce come risultato 16. Nel caso in cui le parentesi siano racchiuse in altre parentesi la regola vuole che venga valutata per prima la parentesi più interna ed a seguire le altre.
È quindi consigliabile utilizzare le parentesi non solo per imporre delle precedenze nei calcoli, ma anche per raggruppare dei termini, e quindi fornire una maggiore leggibilità al codice.

Contestualmente è opportuno precisare l'importanza del bilanciamento delle parentesi, nel senso che una volta aperte, le parentesi vanno necessariamente chiuse; anche se può sembrare una precisazione scontata, la mancanza di una chiusura di parentesi rappresenta uno dei più diffusi errori di programmazione. In definitiva possiamo affermare che le parentesi devono essere sempre accoppiate, in caso contrario durante il test play verrà generato un messaggio di errore: se viene aperta una parentesi va necessariamente chiusa.

Operatori relazionali

Gli operatori relazionali operano su operandi numerici e di caratteri e forniscono come risultato un valore logico (vero o falso).

In un espressione logica in cui compare un operatore relazionale, gli operatori coinvolti vengono confrontati e dalla relazione tra di essi scaturisce il risultato. Gli operatori relazionali previsti dal Ruby sono elencati nella tabella 3.6.

Tabella 3.6 – Operatori relazionali

Operatore	Tipo di Operazione
==	Uguale
!=	Non uguale
<	Minore
<=	Minore o uguale
>	Maggiore
>=	Maggiore o uguale

Allora una tipica espressione logica che presenta un operatore relazionale assumerà la forma seguente:

```
var1 > var2
var1 < var2
```

Se la relazione imposta dall'operatore su **var1** e **var2** risulta vera, il risultato sarà .TRUE. altrimenti sarà .FALSE.
Come riportato nella Tabella 3.6, l'operatore relazionale di uguaglianza è rappresentato dal simbolo == (due segni di uguale), a differenza del simbolo = (un solo segno di uguale) che invece viene adoperato per l'istruzione di assegnazione. Spesso, infatti, si commette l'errore di utilizzare il simbolo = per indicare l'operatore relazionale di uguaglianza.

Operatori logici

Gli operatori logici combinatori sono operatori con uno o due operandi logici che forniscono un risultato di tipo logico. Gli operatori logici sono riportati nella tabella 3.7.

Tabella 3.7 – Operatori logici

Operatore	Tipo di Operazione
!	Negazione logica
&&	Congiunzione logica
‖	Disgiunzione logica inclusiva

Se la relazione espressa dall'operatore è vera, l'operatore fornisce come risultato .TRUE. altrimenti .FALSE. Nella gerarchia delle precedenze vengono per ultimi.

Abbiamo detto che gli operatori logici si applicano ad operandi di tipo logico, allora vediamo di capire in base al valore assunto dagli operandi quale sia il risultato dell'espressione. Siano A e B due variabili di tipo logico, applichiamo ad esse gli operatori logici:

- !A - il risultato è .true. se A è .false. altrimenti è .false.
- A && B - il risultato è .true. se A e B sono entrambi pari a .true. altrimenti è .false.
- A || B - il risultato è .true. se almeno uno tra i valori di A o B assume il valore .true. altrimenti è .false.

Nella tabella 3.8 infine abbiamo riportato tutti gli operatori definiti da Ruby.

Tabella 3.8 – Operatori

Operatore	Descrizione	Operatore	Descrizione
!	Negazione	<=	Minore uguale
-	Sottrazione	"="	Assegnazione
+	Addizione	%=	Assegnazione modulo
~	Complemento	/=	Divisione ed assegnazione
*	Moltiplicazione	-=	Sottrazione ed assegnazione
/	Divisione	+=	Addizione ed assegnazione
%	Modulo	*=	Moltiplicazione ed assegnazione
**	Potenza	**=	Potenza ed assegnazione
[]	Riferimenti di array	**	And
[]=	Impostazione elemento array	||	Or
>>	Shift Right	..	Range inclusivo
<<	Shift Left	...	Range esclusivo
&	And	?	If operatore ternario
^	Or esclusivo	:	Else
|	Or	Not	Negazione
"=="	Uguaglianza	And/OR	Composizione
"==="	Test uguaglianza clausola when	Defined?	True se il simbolo è definito
!=	Non uguale	If	Operatore di controllo del flusso
"=-"	Regular expression pattern match	Unless	Operatore di controllo del flusso
<=>	Maggiore, minore o uguale	While	Operatore di controllo del flusso
>=	Maggiore uguale	Until	Operatore di controllo del flusso
>	Maggiore	Begin/End	Begins/Ends in un blocco
<	Minore		

Commenti

Al fine di rendere leggibile il codice, sarà possibile inserire delle righe di commento, che precedute dal simbolo # (cancelletto), non saranno considerate dall'interprete Ruby, ma serviranno esclusivamente a spiegare lo scopo dell'istruzione.

È opportuno precisare che Ruby ci permette di inserire dei commenti in due differenti modi: il primo classico prevede l'inserimento del simbolo # (hash) all'inizio del commento: il codice inserito a partire da tale punto sarà ignorato dall'interprete. Esempi dell'utilizzo di tale procedura sono riportati di seguito:

```
# Questo è un commento
nome = "Luigi"   # Questo è un commento
```

Negli esempi precedenti abbiamo potuto verificare che un commento può essere inserito anche nella stessa riga contenente del codice. Vediamo ora, invece, come procedere nel caso si volessero inserire dei commenti su più righe; in tal caso si può utilizzare ancora il simbolo #:

```
# Primo commento
# Secondo commento
# Terzo commento
```

Oppure utilizzare il blocco commento utilizzando le parole chiave =begin ed =end:

```
=begin
    Questo è
    un commento
    su più righe
=end
```

È da notare che nei commenti disposti su più righe, =begin ed =end devono trovarsi all'inizio della riga, senza alcuna indentazione.

Numeri

Ogni numero in Ruby rappresenta un oggetto, o più precisamente un'istanza di una delle classi numeriche di Ruby; a tal proposito la classe **Numeric** rappresenta la classe di base per i numeri. In essa è possibile individuare poi la classe **Fixnum** che viene utilizzata per rappresentare i numeri interi di lunghezza fissa, che occupano un numero di bit non superiore a quello nativo relativo alla macchina in uso (ad esempio

32 bit per una macchina a 32 bit). La classe **Bignum** viene utilizzata per rappresentare i numeri interi più grandi di quelli che possono essere contenuti nella classe Fixnum.

Risulta opportuno precisare che la transizione tra le due classi avviene in modo del tutto automatico e cioè l'interprete Ruby, in base alle dimensioni del numero da rappresentare, associa lo stesso alla classe opportuna. Per comprendere meglio il significato di quanto detto analizziamo nel dettaglio un esempio; in particolare utilizzeremo un ciclo per moltiplicare un numero a se stesso in modo tale da aumentare progressivamente le dimensioni del numero, contestualmente poi stamperemo la classe con cui il numero viene rappresentato. Per fare questo utilizzeremo il codice seguente:

```
num = 2
for i in 1..8
    print i, " ", num.class, " ", num, "\n"
    num *= num
end
```

dove il simbolo ***=** viene utilizzato appunto per moltiplicare il numero a se stesso ed assegnarli il risultato. Per visualizzare in tempo reale i risultati forniti dall'interprete ci serviremo del software **irb** che ci fornisce, come precedentemente già introdotto, una consolle interattiva dove digitare il codice Ruby e vederne immediatamente i risultati.

```
irb(main):001:0> num = 2
=> 2
irb(main):002:0> for i in 1..8
irb(main):003:1> print i, " ", num.class, " ", num, "\n"
irb(main):004:1> num *= num
irb(main):005:1> end
1 Fixnum 2
2 Fixnum 4
3 Fixnum 16
4 Fixnum 256
5 Fixnum 65536
6 Bignum 4294967296
7 Bignum 18446744073709551616
8 Bignum 340282366920938463463374607431768211456
=> 1..8
```

Nell'esempio appena proposto è possibile verificare che fino alla quinta iterazione il numero è di dimensioni tali da farlo contenere nel range appartenente alla classe Fixnum, relativa alla macchina in uso; dalla sesta iterazione in poi il numero supera i bit nativi e l'interprete in modo automatico effettua la transizione alla classe Bignum.

Per rappresentare dei numeri in una base diversa da quella decimale, fin qui utilizzata, si adotterà la convenzione di far precedere la sequenza di cifre numeriche da un indicatore opzionale di base. Tale indicatore sarà:
- 0 per gli ottali,
- 0x per gli esadecimali,
- 0b per i binari.

Infine per rappresentare i numeri reali utilizzeremo la classe **Float**, che viene adottata per identificare i numeri in doppia precisione (floating point). Questo metodo di scrittura permette di rappresentare un amplissimo insieme numerico all'interno di un determinato numero di cifre, cosa che la virgola fissa non concede.

Ricordiamo a tal proposito che un numero in virgola mobile è costituito nella sua forma più semplice dalle seguenti parti:
- un campo di mantissa m;
- un campo di base b;
- un campo di esponente e.

Un numero è caratterizzato quindi dal valore b, che costituisce la base della notazione in cui è scritto il numero, e dalla quantità m di cifre presenti nella mantissa, detta precisione.
Quindi un generico numero reale può così essere rappresentato come:

$$numero = m \times b^e$$

Il formato che tali numeri potranno adottare è riportato di seguito:

61000.0
6.1e4
6E4
6E-4

Vediamo infine una serie di numeri di esempio con l'indicazione del tipo e della classe di appartenenza:

- 4522 # intero, della classe Fixnum
- 4_522# intero, della classe Fixnum, underscore ignorato
- 452.2 # float, della classe Float
- 1.8e5 # notazione scientifica, della classe Float
- 1E2 # notazione scientifica, della classe Float
- 1E-2 # notazione scientifica, con segno prima dell'esponente

- 0333 # ottale, of class Fixnum
- Oxfff # esadecimale, della classe Fixnum
- 0b1101 # binario, della classe Fixnum
- 12345678 # intero, della classe Bignum

Nella figura 3.03 è riportata la gerarchia delle classi numeriche previste dal Ruby.

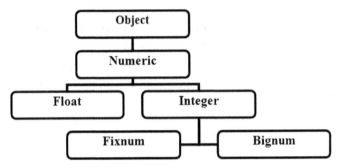

Figura 3.03 – Gerarchia delle classi numeriche

Capitolo quarto
Stringe ed espressioni regolari

In questo capitolo affronteremo un argomento molto importante nella programmazione in ambiente Ruby: le stringhe e le espressioni regolari. Questo perché in Ruby trattare le stringhe diventa davvero un gioco da ragazzi e la velocità con cui si riescono a gestire tali oggetti rappresenta il punto di forza del linguaggio.

Stringhe

Una stringa, in Ruby, rappresenta una sequenza di caratteri, composta da byte in quanto il linguaggio tratta le stringhe con codifica ASCII. Il Ruby così come il Perl, da cui subisce un evidente influenza, costituisce un potente ed avanzato strumento per la gestione del testo. Le stringhe, come già anticipato, vengono rappresentate attraverso una sequenza di caratteri racchiusi tra virgolette (") o tra singoli apici ('), inoltre si presentano quali istanze della classe **String**.
String è probabilmente la classe precostituita più grande in Ruby, con oltre 75 metodi standard. Le stringhe quindi possono contenere lettere dell'alfabeto, segni di punteggiatura, simboli e spazi e talvolta possono essere prive di caratteri, nel qual caso si tratterà di stringhe vuote cosiddette empty string. Nell'utilizzo di Ruby, non ci dobbiamo preoccupare dello spazio occupato da una stringa, in quanto ci viene lasciata assoluta libertà poiché siamo esonerati da tutto quello che riguarda la gestione della memoria.
Vediamo subito un esempio, analizzando il diffusissimo saluto dei programmatori:

```
> stringa = "Hello World!"
=> " Hello World!"
> stringa.class
=> String
```

Dopo aver introdotto la stringa abbiamo poi verificato la classe di appartenenza attraverso l'utilizzo del metodo **class**. L'accesso ai singoli caratteri delle stringhe avviene attraverso il metodo **[]**, che si dimostra un efficace mezzo per la manipolazione di porzioni di stringhe. Sarà allora possibile accedere a qualsiasi carattere di una stringa indicandone semplicemente l'indice:

```
> stringa[0]
=> "H"
```

In questo modo viene restituito il carattere che occupa la prima posizione (valore 0), che nel nostro caso è relativo al carattere "H".
È altresì possibile, con l'utilizzo delle parentesi quadre [], accedere a particolari sottostringhe; in questo caso basterà indicare l'intervallo dei caratteri da estrapolare, attraverso l'indicazione della prima e dell'ultima posizione separate da un doppio punto. Ad esempio per estrarre dalla stringa appena indicata la prima parola cioè "Hello" dovremo specificare tra parentesi quadre le posizioni 0 e 4 separate da un doppio punto:

```
> stringa[0..4]
=> "Hello"
```

Nel caso si volesse escludere dalla selezione il secondo estremo dell'intervallo basterà sostituire il doppio punto con tre punti:

```
> stringa[0...4]
=> "Hell"
```

Infine se utilizziamo la virgola estrarremo la sottostringa che inizia con il carattere che assume la posizione specificata dalla prima cifra per una lunghezza pari alla seconda cifra; cosicché digitando:

```
> stringa[0,5]
=> "Hello"
```

avremo specificato di estrarre la sottostringa che inizia dalla prima posizione e si estende per una lunghezza pari a 5 caratteri, cioè la sottostringa "Hello".
L'utilizzo di indici negativi determina uno scorrimento a ritroso a partire dall'ultima posizione della stringa. Quindi, riferendoci come sempre alla stringa specificata in precedenza, avremo che stringa[-1] indicherà l'ultimo elemento, ed allora:

```
> stringa[-6..-1]
=> "World!"
```

Si potrà inoltre verificare la presenza di una determinata sottostringa, indicando la stessa come argomento della classe; nel caso non fosse presente sarebbe restituito il valore nil:

```
> stringa["giuseppe"]
=> nil
```

Le parentesi quadre vengono altresì utilizzate nel metodo di assegnazione []=, in questo caso l'argomento del metodo, quello cioè contenuto nelle parentesi, viene utilizzato per indicare la posizione nella quale effettuare l'assegnazione. Accade così che attraverso la seguente riga di codice, potremo ad esempio aggiungere del testo alla stringa:

```
> stringa[12..22] = " by Giuseppe"
> stringa
=> "Hello World! by Giuseppe"
```

Gli operatori aritmetici possono essere applicati anche alle stringhe; vediamo dei semplici esempi che ci illustrano come utilizzarli:

```
> stringa = "Giuseppe"+" Ciaburro"
=> "Giuseppe Ciaburro"
```

L'operatore + allora si sarà comportato come un operatore di concatenazione in quanto è stato applicato a stringhe; nel caso in cui gli argomenti fossero stati dei numeri, naturalmente si sarebbe eseguita la somma. C'è da notare che lo stesso risultato si poteva ottenere attraverso una forma contratta di codice, che ci suggerisce una via alternativa per la concatenazione di stringhe:

```
> stringa = "Giuseppe"
=> "Giuseppe"
> stringa +=" Ciaburro"
=> "Giuseppe Ciaburro"
```

Come operatore di concatenazione per le stringhe oltre all'operatore + possiamo utilizzare l'operatore << con lo stesso significato di quanto finora detto.

```
> stringa = "Giuseppe"<<" Ciaburro"
=> "Giuseppe Ciaburro"
```

Oltre ad essere sommate, le stringhe, possono essere anche moltipli-
cate per una costante, con il significato che la stessa viene ripetuta tan-
te volte quante ne specifica il valore della costante:

```
> stringa*2
=> "Giuseppe CiaburroGiuseppe Ciaburro"
```

Nel caso tentassi di applicare gli operatori aritmetici ad argomenti di
tipo diverso (ad esempio somma di una stringa e di un numero), otter-
rei un messaggio di errore.

```
> stringa + 10
TypeError: can't convert Fixnum into String
        from (irb):5:in `+'
        from (irb):5
```

Abbiamo detto che per rappresentare una stringa è necessario utilizzare gli apici (doppi o singoli). Ma cosa accade se devo introdurre una
stringa che contiene un apice? Una soluzione a tale problema si ottiene
facendo precedere tali caratteri dal simbolo backslash (\); tale carattere
speciale è detto di **escape** e permette di specificare che l'apice fa parte integrante della stringa; ciò vale solo se si è utilizzato la notazione
con apici singoli in quanto nella notazione con apici doppi anche
l'apice verrà considerato quale elemento della stringa.

```
> stringa="c'era"
=> "c'era"
> stringa='c\'era'
=> "c'era"
```

All'interno di una stringa, abbiamo la possibilità di inserire il contenuto
di una variabile o la valutazione di espressioni racchiudendo il tutto tra
parentesi graffe e anteponendo ad esse il simbolo # (hash). Se si tratta
di una variabile globale, una variabile di classe, oppure una variabile
istanza, si possono omettere le parentesi graffe.

```
> var = 11
=> 11
> stringa = "Luigi ha #{var} anni"
=> "Luigi ha 11 anni"
```

Una stringa può essere sottoposta ad una sorta di controllo per verificare l'uguaglianza, allora scriveremo:

```
> var ="simone"
=> "simone"
>var == "simone"
=>   true
```

Vediamo ora una serie di metodi della classe **String** che ci permettono di manipolare, in modo opportuno ma semplice, le stringhe di Ruby. Iniziamo con l'osservare che per avere un'idea della lunghezza di una stringa è possibile utilizzare il metodo **size**, che restituisce appunto la lunghezza di una stringa. Analizziamo un semplice esempio:

```
> stringa = "Luigi e Simone"
=> "Luigi e Simone"
> stringa.size
=> 14
```

Così come è possibile trasformare le lettere da minuscole a maiuscole e viceversa in Word, è altrettanto facile farlo in Ruby, basterà utilizzare i metodi **downcase** e **upcase**:

```
> stringa = "Ruby"
=> "Ruby"
> stringa.downcase
=> "ruby"
> stringa.upcase
=> "RUBY"
```

Mentre per suddividere una stringa nelle parole che la compongono potremo utilizzare il metodo **split** che appunto accetta in ingresso un carattere e fornisce una lista contenente le varie parti della stringa:

```
> stringa = "Programmare con Ruby"
=> " Programmare con Ruby "
> stringa.split
=> ["Programmare ", "con", "Ruby"]
```

Per eliminare dei caratteri da una stringa utilizzeremo i metodi **chop** e **chomp** che rispettivamente eliminano l'ultimo carattere o il parametro fornito tra parentesi tonde (chomp se invocato senza argomento rimuove i valori \n, \r o entrambi).

```
> stringa = " Programmare con Ruby"
=> " Programmare con Ruby"
> stringa.chop
=> " Programmare con Rub"
> stringa.chomp("Ruby")
```

```
=> " Programmare con "
```

Per eliminare degli spazi utilizzeremo il metodo **strip**:

```
> stringa = "            Programmare con Ruby              "
=> "            Programmare con Ruby              "
> stringa.strip
=> "Programmare con Ruby"
```

Nelle varianti **lstrip** e **rstrip** eliminano gli spazi presenti nella stringa rispettivamente alla sua sinistra e alla sua destra.

I metodi **ljust** e **rjust** invece aggiungono degli spazi rispettivamente a destra e a sinistra della stringa, in questo caso sarà necessario specificare il numero di caratteri di cui dovrà essere composta la stringa contando sia la lunghezza della stringa originaria sia il numero di spazi da aggiungere; così la stringa analizzata in precedenza e cioè "Programmare con Ruby" che come è facile verificare è costituita da 20 caratteri compresi gli spazi vuoti presenterà due spazi vuoti nella parte iniziale attraverso la seguente istruzione:

```
> stringa = "Programmare con Ruby"
=> "Programmare con Ruby"
> stringa.rjust(22)
=> "  Programmare con Ruby"
```

In modo analogo il metodo **center** distribuisce gli spazi vuoti alla destra ed alla sinistra della stringa in modo che essa venga a trovarsi nel mezzo.

```
> stringa.center(24)
=> "  Programmare con Ruby  "
```

Per effettuare delle ricerche all'interno di una stringa utilizzeremo il metodo **include?**. A tal proposito è opportuno precisare che Ruby utilizza la convenzione di marcare i nomi dei metodi che forniscono come risultato vero o falso con il carattere ?.

```
> stringa = "Programmare con Ruby"
=> "Programmare con Ruby"
> stringa.include? "Ruby"
=> true
```

Per effettuare delle sostituzioni in una stringa utilizzeremo i metodi **sub** e **gsub** che rispettivamente operano solo una sostituzione (la prima trovata) dell'espressione indicata mentre il secondo estenderà la sostituzione all'intera stringa.

```
> stringa = "Programmare con Ruby"
=> "Programmare con Ruby"
> stringa.sub(/m/,"-")
=> "Progra-mare con Ruby"
> stringa.gsub(/m/,"-")
=> "Progra--are con Ruby"
```

Il metodo **scan** invece può essere utilizzato per ricercare dei caratteri all'interno di una stringa:

```
> stringa = "Programmare con Ruby"
=> "Programmare con Ruby"
> stringa.scan(/m/)
=> ["m", "m"]
```

Lo stesso metodo può essere invocato includendo una lista di caratteri da ricercare all'interno della stringa:

```
> stringa = "Programmare con Ruby"
=> "Programmare con Ruby"
> stringa.scan(/[PgmR]/)
=> ["P","g","m","m","R"]
```

Il metodo **capitalize** restituisce una copia della stringa con il primo carattere maiuscolo:

```
> stringa = "luigi"
=> "luigi"
> stringa.capitalize
=> "Luigi"
```

Il metodo **tr** accetta due stringhe come argomenti e sostituisce i caratteri del primo argomento con i corrispondenti caratteri del secondo argomento:

```
> stringa = "Programmare con Ruby"
=> "Programmare con Ruby"
> stringa.tr("R","C")
=> "Programmare con Cuby"
```

In tutti i casi appena visti, l'applicazione del metodo sulla stringa ne propone il risultato senza peraltro modificare la stringa originaria, che rimane inalterata. Questo in quanto l'applicazione del metodo crea una nuova istanza con l'oggetto modificato; è possibile però applicare la versione distruttiva del metodo che, invece di restituire una copia della stringa opportunamente modificata, modifica direttamente la stringa originaria. Per fare questo basterà aggiungere in coda al nome del metodo il punto esclamativo in modo che la stringa risulterà modificata secondo le direttive del metodo. Vediamo un esempio applicato al metodo strip:

```
> stringa = "          Programmare con Ruby              "
=> "          Programmare con Ruby              "
> stringa.strip!
=> "Programmare con Ruby"
> stringa
=> "Programmare con Ruby"
```

Come visto, dopo aver eliminato gli spazi presenti nella stringa, le modifiche vengono memorizzate ed una successiva chiamata all'oggetto stringa ne conferma la validità.

Vediamo ora come realizzare delle stringhe disposte su più linee; per fare questo basta rappresentare la stringa nel seguente modo:

```
>stringa='Programmare con Ruby
a cura di Giuseppe Ciaburro'
=> "Programmare con Ruby\na cura di Giuseppe Ciaburro"
> puts stringa
Programmare con Ruby
a cura di Giuseppe Ciaburro
```

Lo stesso risultato può essere ottenuto utilizzando altri delimitatori, ad esempio con il delimitatore % seguito dal carattere q otteniamo lo stesso risultato raggiungibile con i singoli apici:

```
>stringa=%q{Programmare con Ruby
a cura di Giuseppe Ciaburro}
=> "Programmare con Ruby\na cura di Giuseppe Ciaburro"
> puts stringa
Programmare con Ruby
a cura di Giuseppe Ciaburro
```

Nel caso avvertissimo l'esigenza di rappresentare una serie di stringhe in un particolare formato da disporre su più righe, ad esempio nel caso di versi poetici, potremmo utilizzare la seguente notazione (Emily Dickinson – 1884):

```
> stringa =<<versi
```

```
Circonferenza - sposa del timore -
possedendo sarai posseduta -
da ogni cavaliere consacrato
che ardisca desiderarti
versi
=> "Circonferenza - sposa del timore -\npossedendo sarai posseduta -\nda
ogni cavaliere consacrato\nche ardisca desiderarti\n"
```

Subito dopo i caratteri << compare il delimitatore della stringa multilinea, che nel nostro caso è la parola versi; esso dovrà comparire subito dopo il delimitatore, senza lasciare spazi, e dovrà di nuovo essere presente alla fine della stringa sull'ultima riga. Vediamo a questo punto cosa accade se stampiamo a video il contenuto della variabile stringa:

```
> puts stringa
Circonferenza - sposa del timore -
possedendo sarai posseduta -
da ogni cavaliere consacrato
che ardisca desiderarti
```

Tempo e date

Per rappresentare, in modo opportuno, il tempo e le date in Ruby è necessario utilizzare la classe Time, che possiede metodi ed istanze per manipolare dati che contengono valori temporali. Lo stato corrente può essere facilmente richiamato con il metodo **now** che legge il valore fornito dal sistema operativo e lo stampa a video:

```
> data=Time.now
=> 2014-10-23 20:16:03 +0200
```

In esso possiamo leggere in sequenza l'anno, il mese, il giorno, l'ora, minuti, secondi ed infine le ore che passano tra il fuso orario attualmente operativo sul computer in uso ed il Tempo Coordinato Universale (UTC). Possiamo poi estrapolare i singoli elementi presenti nella data attraverso l'impiego dei seguenti metodi d'istanza:

```
> data.usec        #microsecondi
=>13
> data.sec         #secondi
=>3
> data.min         #minuti
=>16
> data.hour        #ore
=>20
> data.day         #giorno
=>23
```

```
> data.month    #mese
=>10
> data.year       #anno
=>2014
> data.zone       #zona
=> "ora solare Europa occidentale"
```

Se occorre definire un oggetto derivato dalla classe Time, per rappresentare una specifica data, allora si dovrà utilizzare il metodo local; vediamo come:

```
data = Time.local(anno, mese, giorno, ora, minuti, secondi)
```

Ogni argomento dopo "anno" risulta opzionale e ciascuno si aspetta un valore numerico, anche se l'argomento mese può anche contenere tre lettere come abbreviazioni dei mesi (Gen, Feb, ecc).

Il risultato di tale chiamata al metodo è un oggetto Time, che contiene i dati forniti dal computer in uso, così come richiesto dai parametri indicati.
Vediamo ora di comprendere meglio l'utilizzo della classe Time attraverso l'analisi di semplici esempi; creiamo dapprima una variabile destinata a contenere la data corrente:

```
>data=Time.now
=> 2014-10-23 20:36:43 +0200
```

Stampiamo a video a questo punto alcuni elementi contenuti in tale oggetto: anno, mese e giorno.

```
> puts "Oggi è #{data.day}/#{data.month}/#{data.year}"
Oggi è 23/10/2014
```

Se invece vogliamo stampare il fuso orario del computer che stiamo utilizzando scriveremo:

```
> puts "Il fuso orario del computer in uso è #{data.zone}"
Il fuso orario del computer in uso è ora solare Europa occidentale
```

Espressioni regolari

Le espressioni regolari, che in inglese sono dette regular expression (regexp), rappresentano una serie di regole sintattiche attraverso le quali si possono rappresentare insiemi di stringhe; costituendo uno strumento potente per gestire il testo, si presentano come soluzione a molteplici problemi che coinvolgono le stringhe di testo.

Figura 4.01 – Le espressioni regolari

Le espressioni regolari sono molto utili nell'ambito della ricerca e della sostituzione; supponiamo di avere un testo di notevoli dimensioni e di voler convertire tutte le date che sono disponibili in un formato del tipo (anno/mese/giorno), nel formato in uso da noi che prevede invece l'ordine inverso (giorno/mese/anno).
Si tratterebbe di un lavoro molto impegnativo da fare a mano, con un'alta possibilità di commettere degli errori. In questo ci viene in soccorso il calcolatore che come sappiamo esprime i suoi punti di forza proprio nel confronto tra valori, ed in particolare Ruby, che essendo il degno erede del Perl, trova il suo ambiente naturale nella trattazione delle stringhe.

In Ruby, è possibile creare un'espressione regolare scrivendo il relativo schema tra due caratteri slash (/schema/); in questo modo viene invocata un'istanza della classe **Regexp**:

```
espressione =/'\s\w+'/
```

Il carattere slash delimita lo schema (detto in gergo pattern), che è formato da diversi elementi, costituiti da opportune sequenze che rappresentano delle determinate classi.

Un'espressione regolare può essere altresì specificata attraverso le seguenti notazioni:

```
espressione = Regexp.new('\s\w+')
```

ed ancora:

```
espressione = %r{\s\w+}
```

Dopo aver specificato le modalità di rappresentazione di un'espressione regolare, veniamo ora al significato che riveste un siffatto oggetto. Per fare questo analizziamo il contenuto dell'espressione e cioè la sequenza di caratteri che è contenuta tra i simboli / (slash) o tra le parentesi. Per il significato dei caratteri in essi contenuti è opportuno analizzare la Tabella 4.1 che riporta le classi di caratteri ed il relativo significato.

Tabella 4.1 – Espressioni regolari

Pattern	Significato
.	un carattere qualsiasi
\w	lettera o numero
\W	ne lettera ne cifra (opposto di \w)
\s	spazio (spazio, tabulazione e carattere di fine riga), stesso significato di [\t\n\r\f]
\S	carattere non spazio
\d	cifra numerica [0-9]
\D	carattere non numerico (opposto di \d)
\b	backspace
\b	limite di parola
\B	non limite di parola
*	zero o più ripetizioni del carattere precedente
+	una o più ripetizioni del carattere precedente
{m,n}	da un minimo di m ad un massimo di n ripetizioni del carattere precedente
?	al massimo una ripetizione del precedente
^	posizione iniziale del testo ricercato
$	posizione finale del testo ricercato
|	permette di definire più alternative

Secondo quanto riportato nella Tabella 4.1 la sequenza specificata nell'esempio precedente e cioè **\s\w+** che risulta costituita dai seguenti elementi:

- **\s** – carattere spazio
- **\w** – carattere lettera
- **+** - una o più ripetizioni del carattere precedente

starebbe a significare spazio, lettera, ripetizione lettera. Per meglio comprenderne il significato vediamolo applicato ad un esempio:

```
> stringa = "Ruby on Rails"
> expr =%r{\s\w+}
> stringa =~ expr
=> 4
```

Nell'esempio appena visto abbiamo costruito una stringa di testo, quindi un'espressione regolare che è stata assegnata alla variabile **expr**; infine tale espressione è stata confrontata con la stringa attraverso l'operatore match (=~). Se non si verifica alcun riscontro, viene fornito il valore nil, se al contrario esiste un riscontro, viene fornita la posizione nella stringa.

Il risultato, cioè il numero 4 ci fornisce la posizione del primo carattere che verifica l'espressione regolare, in questo caso poiché si cercava il primo spazio vuoto seguito da una lettera, lo si è trovato nella quinta posizione, che come sappiamo corrisponde al valore 4.

Vediamo ora un altro esempio andando ad analizzare il testo contenuto in una specifica sequenza:

```
#!/usr/bin/Ruby

linea1 = "Una bici risulta meno veloce di una moto";
linea2 = "Ma le bici non inquinano";

if ( linea1 =~ /moto(.*)/ )
  puts "La Linea1 contiene la parola moto"
end
if ( linea2 =~ /moto(.*)/ )
  puts " La Linea2 contiene la parola moto"
end
```

Per poter utilizzare questo semplice script apriamo un qualsiasi editor di testo, ad esempio notepad ed incolliamo lo script, ricordando che ogni script di Ruby inizia con la scritta:

```
#!/usr/bin/Ruby
```

Quindi salviamo il file con il nome moto.rb, spostiamoci allora nella finestra dei comandi di Ruby e digitiamo il seguente comando:

```
Ruby moto.rb
```

nel nostro caso il risultato dello script sarà la stampa a video del messaggio:

```
La Linea1 contiene la parola moto
```

In realtà non abbiamo fatto altro che analizzare le sequenze di testo contenute nelle variabili **Linea 1** e **Linea 2** ed in particolare abbiamo cercato in esse la parola moto. Quindi con la struttura IF abbiamo stampato un messaggio che ci comunica se e dove tale stringa è stata trovata (Figura 4.02).

La classe Regexp prevede una serie di caratteri riservati; nell'ipotesi si voglia rappresentare uno di questi sarà necessario utilizzare il carattere / (backslash) posizionato prima del carattere. Alcuni dei metodi più importanti che utilizzano le espressioni regolari sono sub e gsub e le loro varianti secondarie sub! e gsub!.
Tutti questi metodi sono in grado di eseguire delle operazione di ricerca e di sostituzione con un pattern Regexp. I metodi **sub** e **sub!** sostituiscono la prima occorrenza del pattern mentre i metodi **gsub** e **gsub!** sostituscono tutte le occorrenze.

La differenza tra i metodi **sub** e **gsub** consiste nel fatto che il primo restituisce una nuova stringa, lasciando l'originale non modificato, mentre gsub! modifica la stringa originale su cui il metodo è stato invocato.

Nell'esempio che segue è fornito un numero di telefono nel classico formato prefisso-numero di telefono; tale formato però può creare dei problemi al software per la gestione automatica delle chiamate.

```
#!/usr/bin/Ruby

telefono = "0823-111111 #Numero di telefono inesistente"
puts "Numero di telefono : #{telefono}"

# Cancelliamo la porzione di stringa di commento
telefono = telefono.sub!(/#.*$/, "")
puts "Numero di telefono : #{telefono}"
```

```
# Calcelliamo tutto quello che non è un numero
telefono = telefono.gsub!(/\D/, "")
puts "Numero di telefono : #{telefono}"
```

```
Amministratore: Start Command Prompt with Ruby
C:\Ruby193\esempi>ruby moto.rb
La Linea1 contiene la parola moto

C:\Ruby193\esempi>
```

Figura 4.02 – Un semplice script Ruby

Per evitare tali problemi abbiamo implementato un algoritmo che cancella tutti i caratteri diversi dai numeri. Il risultato è riportato nella Figura 4.03.

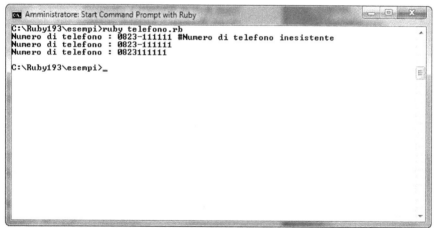

```
Amministratore: Start Command Prompt with Ruby
C:\Ruby193\esempi>ruby telefono.rb
Numero di telefono : 0823-111111 #Numero di telefono inesistente
Numero di telefono : 0823-111111
Numero di telefono : 0823111111

C:\Ruby193\esempi>_
```

Figura 4.03 – Utilizzo dei metodi di ricerca e sostituzione

Vediamo infine come utilizzare il metodo split, già visto per le stringhe, con le espressioni regolari:

```
> stringa = "Ciao mondo"
=> "Ciao mondo"
> stringa.split(/s/)
```

```
=> ["Ciao", "mondo"]
```

In questo semplice esempio, non abbiamo fatto altro che utilizzare una stringa, che riporta il famoso saluto del programmatore, ed abbiamo provveduto, attraverso l'utilizzo del metodo split ad inserire le due parole della stringa in un array, avendo utilizzato come elemento separatore lo spazio vuoto tra le due parole, identificato dal carattere speciale /s/.

Capitolo quinto
Array ed Hash

In Ruby gli array e gli hash rappresentano delle collezioni di oggetti indicizzate. Entrambe le collezioni di oggetti, risultano accessibili attraverso l'impiego di una chiave: per gli array, la chiave è un intero, mentre gli hash supportano qualsiasi oggetto.

Sia gli array che gli hash crescono in dimensioni, man mano che ospitano nuovi elementi. Gli array risultano più efficienti dal punto di vista dell'accesso agli elementi, di contro gli hash forniscono maggiore flessibilità. Ogni particolare array o hash può contenere oggetti di tipo diverso; si può ad esempio avere una matrice contenente un intero, una stringa e un numero in virgola mobile.

Array

Un array, che viene spesso denominato con il termine vettore, rappresenta una struttura di dati particolarmente complessa; tale elemento, il cui utilizzo è diffuso in tutti i linguaggi di programmazione, trae origine dalla nozione matematica di vettore.
Per comprendere meglio il significato del termine si può pensare ad un array come ad un casellario, le cui caselle rappresentano le celle dell'array; ogni cella si comporta come una variabile tradizionale di tipo qualsiasi. Avremo allora array di interi, array di reali, array di caratteri e così via.
La cella così definita viene detta elemento dell'array e viene identificata dal nome attribuito all'array e da un indice che si riferisce ad una sua specifica posizione.

La sintassi degli array prevede che il suo nome sia seguito da parentesi quadre che contengono l'indice relativo al valore da rappresentare.
Per creare un oggetto del tipo array basterà semplicemente richiamare un'istanza della classe Array:

```
primo_array = Array.new
```

oppure adottare la seguente notazione che fa uso delle parentesi quadre:

```
primo_array = []
```

Figura 5.01 – Rappresentazione schematica di un vettore

In entrambi i casi, una volta creato, l'oggetto array sarà vuoto e quindi dovrà essere riempito; per assegnare dei valori ad un array, adotteremo la seguente sintassi:

```
primo_array[0] ='luigi'
```

Per convenzione Ruby ordina gli elementi di un array attraverso l'adozione di indici numerici sequenziali che vanno da 0 ad n; cosicché il primo valore di un array sarà associato all'indice 0. Ad esempio:

```
primo_array[0]
```

che sta a rappresentare il primo elemento dell'array di nome **primo_array**.
Potremo allora stampare a video tale valore attraverso la seguente riga di codice:

```
puts primo_array[0]
```

Per assegnare più valori attraverso un'unica istruzione, questi ultimi dovranno essere separati da una virgola:

```
primo_array = ['giuseppe', 'tiziana', 'luigi', 'simone',]
puts primo_array[0]
puts primo_array[1]
puts primo_array[2]
puts primo_array[3]
```

che stamperà a video la seguente lista:

```
giuseppe
tiziana
luigi
```

```
simone
```

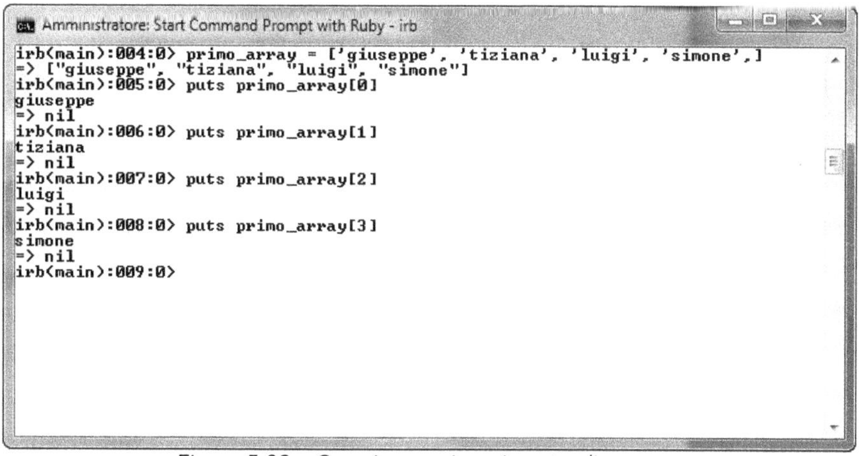

Figura 5.02 – Creazione e riempimento di un array

In ogni momento sarà comunque possibile aggiungere un nuovo valore all'array attraverso un'istruzione di assegnazione del tipo:

```
primo_array[4] = 'caterina'
```

Come già anticipato un array in Ruby può contenere valori di tipo diverso, allora sarà possibile aggiungere all'array appena considerato, finora riempito con stringhe, un valore numerico:

```
primo_array[5] = 2008
```

procediamo a questo punto ad una stampa dei valori per verificare la correttezza delle istruzioni appena proposte.

```
puts primo_array [0]
puts primo_array [1]
puts primo_array [2]
puts primo_array [3]
puts primo_array [4]
puts primo_array [5]
```

che stamperà a video la seguente sequenza:

```
giuseppe
tiziana
luigi
simone
```

```
caterina
2008
```

Per verificare che si tratta effettivamente di un array contenente dati di tipo diverso, aggiungeremo al programma appena realizzato anche la stampa della classe:

```
primo_array = ["giuseppe", "tiziana", "luigi", "simone"]
primo_array[4] = "caterina"
primo_array[5] = 2008
print primo_array[0]," tipo = ", primo_array[0].class,"\n"
print primo_array[1]," tipo = ", primo_array[1].class,"\n"
print primo_array[2]," tipo = ", primo_array[2].class,"\n"
print primo_array[3]," tipo = ", primo_array[3].class,"\n"
print primo_array[4]," tipo = ", primo_array[4].class,"\n"
print primo_array[5]," tipo = ", primo_array[5].class,"\n"
```

che stamperà a video la seguente sequenza:

```
giuseppe tipo = String
tiziana tipo = String
luigi tipo = String
simone tipo = String
caterina tipo = String
2008 tipo = Fixnum
```

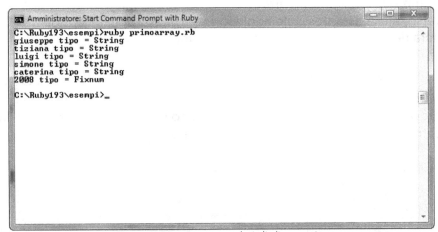

Figura 5.03 – Array con dati di diverso tipo

Per creare un array possiamo utilizzare, inoltre, la classe **Array** che ci consente di creare un array fornendo un intervallo di valori:

```
>num=Array(1..9)
=> [1, 2, 3, 4, 5, 6, 7, 8, 9]
```

L'inserimento di elementi in un array può essere eseguito altresì utilizzando i metodi << (append) e **push**, attraverso i quali è possibile aggiungere ulteriori elementi al nostro array; tali elementi verranno così posti in coda all'array.

```
primo_array << "caterina" << "olimpia"
puts primo_array
```

ottenendo:

```
giuseppe
tiziana
luigi
simone
caterina
olimpia
```

In modo del tutto analogo opera il metodo **push**:

```
> primo_array.push("vale")
=>["giuseppe","tiziana","luigi","simone","caterina","olimpia","vale"]
```

È altresì possibile aggiungere un intero array ad un altro array:

```
primo_array[6] = [1,2,3]
print primo_array[6]," tipo = ", primo_array[6].class,"\n"
```

ottenendo così:

```
123 tipo = Array
```

Per eliminare degli elementi da un array possiamo utilizzare diversi metodi: ad esempio attraverso il metodo **pop** risulta possibile eliminare l'ultimo elemento di un array:

```
> famiglia=["giuseppe","tiziana","luigi","simone"]
=> ["giuseppe", "tiziana", "luigi", "simone"]
> famiglia.pop
=> "simone"
> print famiglia
["giuseppe", "tiziana", "luigi"]=> nil
```

Per eliminare invece un elemento posto all'inizio dell'array utilizzeremo il metodo **shift**, nel seguente modo:

```
> famiglia=["giuseppe","tiziana","luigi","simone"]
=> ["giuseppe", "tiziana", "luigi", "simone"]
> famiglia.shift
=> "giuseppe"
> print famiglia
["tiziana", "luigi", "simone"]=> nil
```

Per eliminare un elemento individuato sulla base della sua posizione utilizzeremo il metodo **delete_at**:

```
> famiglia=["giuseppe","tiziana","luigi","simone"]
=> ["giuseppe", "tiziana", "luigi", "simone"]
> famiglia.delete_at(1)
=> "tiziana"
> print famiglia
["giuseppe", "luigi", "simone"]=> nil
```

Per eliminare un elemento individuato sulla base del suo valore utilizzeremo il metodo **delete**, nel seguente modo:

```
> famiglia=["giuseppe","tiziana","luigi","simone"]
=> ["giuseppe", "tiziana", "luigi", "simone"]
> famiglia.delete('luigi')
=> "luigi"
> print famiglia
["giuseppe", "tiziana", "simone"]=> nil
```

Manipolazione di un array

Per la manipolazione degli elementi di un array, il Ruby prevede un ciclo appositamente dedicato che utilizza il metodo **each** applicato ad un blocco **do**, che può essere tradotto come: "per ogni elemento dell'array esegui la seguente istruzione".

Vediamo l'applicazione del ciclo attraverso l'analisi di un semplice esempio; definiamo a tal proposito un array:

```
#!/usr/bin/Ruby
#Encoding:ISO-8859-1

ragazzi= ['Luigi', 'Simone', 'Valentina', 'Mariateresa']
ragazzi.each do |nome|
puts nome + ' è un ragazzo/a.'
end
```

attraverso tale costrutto abbiamo reso disponibile nella variabile **nome** ogni elemento dell'array ragazzi, che in seguito sono stati utilizzati per la stampa a video. La linea che contiene il metodo encoding si rende necessaria per poter leggere correttamente i caratteri accentati. Il risultato è riportato nel listato seguente:

```
Luigi è un ragazzo/a.
Simone è un ragazzo/a.
Valentina è un ragazzo/a.
Mariateresa è un ragazzo/a.
```

In esso è possibile verificare la corretta stampa di tutti gli elementi presenti nell'array.

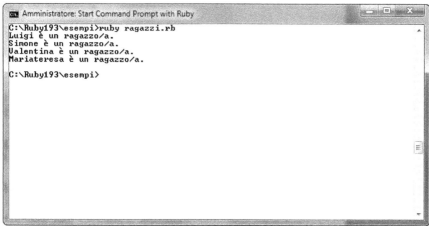

Figura 5.04 – Manipolazione di array

É possibile inserire valori in un array, attraverso un ulteriore metodo previsto dal Ruby; si tratta del metodo **insert** che opera su array già esistenti. In questo caso sarà necessario dichiarare un indice ed uno o più oggetti da inserire nell'array:

```
> ragazzi.insert(1, "Mariateresa")
=> ["Luigi", "Mariateresa", "Simone", "Valentina"]
```

Gli array possono essere concatenati e ripetuti come avviene per le stringhe. Consideriamo un array contenente dei numeri interi e concateniamolo con quello relativo alle stringhe di testo corrispondenti ai nomi dei numeri:

```
numeri = [1,2,3]
nuovo = numeri + ["uno", "due","tre"]
puts nuovo
```

il risultato è riportato di seguito:

```
1
2
3
uno
due
tre
```

mentre volendo ripetere un array potremo scrivere:

```
nuovo = numeri *3
```

ottenendo in questo modo un nuovo array che contiene ripetuti per tre volte gli elementi dell'array originario.

Per rappresentare un intervallo di valori contenuti in un array è possibile utilizzare in Ruby una notazione particolare:

```
primo_valore..ultimo_valore
primo_valore...ultimo_valore
```

utilizzando l'operatore due punti (..) gli estremi dell'intervallo saranno inclusi, mentre utilizzando i tre punti (...) l'ultimo valore resterà escluso. Vediamo un esempio applicato sull'array appena creato:

```
puts nuovo[0..3]
```

ottenendo in questo modo:

```
1
2
3
uno
```

È possibile convertire array in stringhe e viceversa utilizzando i metodi **join** e **split** rispettivamente; il metodo join utilizza opzionalmente un separatore per distinguere gli elementi nella stringa risultante:

```
> numeri = [1,2,3]
> stringa = numeri.join("-")
=> "1-2-3"
```

Mentre il metodo split ci restituisce l'array originario, anche in questo caso è possibile dichiarare un separatore che ci permetterà di ricavare gli elementi dell'array:

```
> numeri = stringa.split("-")
=> ["1", "2", "3"]
```

Gli array in Ruby così come in tutti i linguaggi di programmazione possono essere coinvolti in operazioni più o meno complesse. Ciò sarà possibile attraverso l'utilizzo dei seguenti operatori: +, -, *, & che rappresentano altrettanti metodi della classe **Array**.
Il metodo di concatenazione definito dal simbolo (+) restituisce un nuovo array ottenuto dalla concatenazione di due array:

```
> animali1 = ["cane", "gatto"]
=> ["cane", "gatto"]
> animali2 = ["lupo", "tigre"]
=> ["lupo", "tigre"]
> animali = animali1 + animali2
=> ["cane", "gatto","lupo", "tigre"]
```

Coerentemente con le regole aritmetiche il metodo differenza, definito dal simbolo (-) restituisce un nuovo array ottenuto dalla differenza di due array:

```
> lettere1 = ["a", "b", "c","d"]
=> ["a", "b", "c","d"]
> lettere2 = ["a", "d"]
=> ["a", "d"]
> lettere = lettere1 - lettere2
=> ["b", "c"]
```

Attraverso il metodo ripetizione, definito dal simbolo (*), potremo ottenere un ripetizione dell'array:

```
> numeri = ["1", "2"]
=> ["1", "2"]
> numeri * 2
=> ["1", "2","1", "2"]
```

D'altra parte se l'argomento del metodo non è un intero, avremo come risultato una stringa costituita dagli elementi dell'array intervallati dalla stringa indicata:

```
> nome = ["giuseppe", "ciaburro"]
=> ["giuseppe", "ciaburro"]
```

```
> nome * "."
=> " giuseppe.ciaburro "
```

Infine con il metodo intersezione, definito dal simbolo (&) è possibile ottenere un nuovo array che contiene gli elementi comuni dei due array:

```
> lettere1 = ["a", "b", "c","d"]
=> ["a", "b", "c","d"]
> lettere2 = ["a", "d"]
=> ["a", "d"]
> lettere = lettere1 & lettere2
=> ["a", "d"]
```

Operazioni sugli array

Come è noto dati due array è possibile eseguire su di essi una serie di operazioni che permettono di mescolare i rispettivi elementi al fine di crearne dei nuovi. A tal proposito è possibile applicare i metodi già visti nel paragrafo precedente, questa volta applicandoli ad array numerici. La prima e più semplice tra tali operazioni è la somma. Per sommare due array utilizzeremo l'operatore somma(+), vediamo il suo utilizzo in un semplice esempio; definiamo a tal proposito due array di interi:

```
> a=[1,2,3,4]
=> [1, 2, 3, 4]
> b=[4,5,6,7]
=> [4, 5, 6, 7]
```

eseguiamo la somma utilizzando l'operatore +:

```
> a+b
=> [1, 2, 3, 4, 4, 5, 6, 7]
```

svolgiamo la differenza utilizzando l'operatore -:

```
> a-b
=> [1, 2, 3]
```

realizziamo l'unione utilizzando l'operatore |:

```
> a|b
=> [1, 2, 3, 4, 5, 6, 7]
```

infine operiamo l'intersezione utilizzando l'operatore &:

```
> a&b
=> [4]
```

Metodi per gli array

Vediamo ora una serie di metodi che si rendono particolarmente utili nella gestione degli array. Partiamo dal metodo **delete** che ci consente di eliminare un singolo elemento per volta dall'array. A tal proposito creiamo un array che contiene i primi nove numeri ed applichiamo il metodo:

```
> num=[1,2,3,4,5,6,7,8,9]
=> [1, 2, 3, 4, 5, 6, 7, 8, 9]
> num.delete(1)
=> 1
> num
=> [2, 3, 4, 5, 6, 7, 8, 9]
> num.delete(8)
=> 8
> num
=> [2, 3, 4, 5, 6, 7, 9]
```

Per eliminare tutti gli elementi presenti in una array useremo il metodo **clear** :

```
>irb
> num=[1,2,3,4,5,6,7,8,9]
=> [1, 2, 3, 4, 5, 6, 7, 8, 9]
> num.clear
=> []
```

in questo modo avremo ripulito l'array dei suoi elementi, che comunque rimarrà in vita, quale possibile contenitore di elementi. Vediamo ora il metodo **include?** che ci permette di controllare se un dato elemento è presente nel nostro array; infatti il metodo restituisce true se l'elemento passato come argomento è presente nell'array:

```
> num=[1,2,3,4,5,6,7,8,9]
=> [1, 2, 3, 4, 5, 6, 7, 8, 9]
> num.include?(4)
=>true
> num.include?(0)
=>false
```

Il metodo **empty?** invece restituisce true se l'array è vuoto, false in caso contrario; allora eliminiamo dapprima gli elementi dell'array con il metodo clear, quindi applichiamo il metodo empty?.

```
>irb
> num=[1,2,3,4,5,6,7,8,9]
=> [1, 2, 3, 4, 5, 6, 7, 8, 9]
> num.clear
=> []
>num.empty?
>true
```

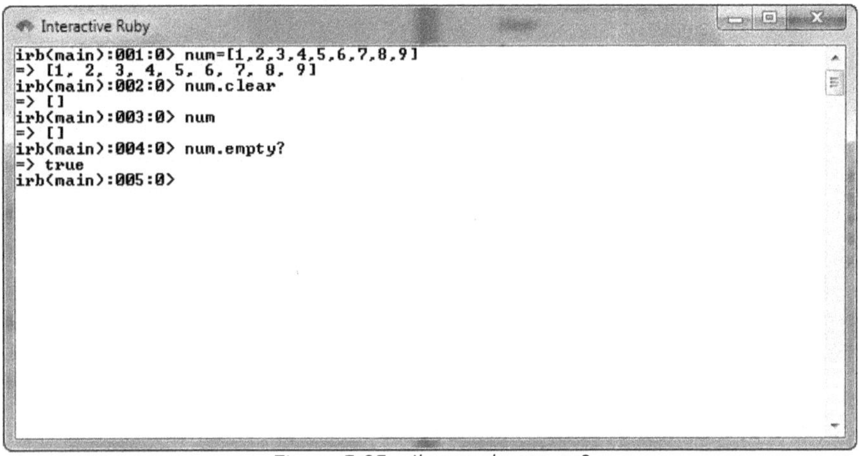

```
Interactive Ruby
irb(main):001:0> num=[1,2,3,4,5,6,7,8,9]
=> [1, 2, 3, 4, 5, 6, 7, 8, 9]
irb(main):002:0> num.clear
=> []
irb(main):003:0> num
=> []
irb(main):004:0> num.empty?
=> true
irb(main):005:0>
```

Figura 5.05 – Il metodo empty?

Il metodo **index** restituisce l'indice della prima occorrenza dell'oggetto passato come argomento, nel nostro caso trattandosi di un array di numeri potremo verificare in che posizione si trova uno specifico numero:

```
> num=[1,2,3,4,5,6,7,8,9]
=> [1, 2, 3, 4, 5, 6, 7, 8, 9]
> num.index(7)
=> 6
```

avendo passato quale argomento il numero 7, Ruby ci restituisce la posizione 6, coerentemente con la convenzione adottata da Ruby di nominare la prima posizione dell'array con lo 0.

I metodi **length** e **size** invece restituiscono entrambi il numero di elementi che compongono l'array:

```
> num=[1,2,3,4,5,6,7,8,9]
```

```
=> [1, 2, 3, 4, 5, 6, 7, 8, 9]
> num.length
>9
> num.size
>9
```

Con il metodo **reverse** abbiamo a disposizione un veloce mezzo per creare, a partire da un array qualsiasi, un nuovo array con l'ordine degli elementi invertito. Vediamo come:

```
> num=[1,2,3,4,5,6,7,8,9]
=> [1, 2, 3, 4, 5, 6, 7, 8, 9]
> num.reverse
=> [9, 8, 7, 6, 5, 4, 3, 2, 1]
```

Figura 5.06 – Il metodo reverse

Il metodo **rotate** invece restituisce un nuovo array a partire da un array qualsiasi, ruotandolo in modo che l'elemento inserito tra parentesi, risulti il primo elemento del nuovo array. Vediamo un esempio:

```
> num=[1,2,3,4,5,6,7,8,9]
=> [1, 2, 3, 4, 5, 6, 7, 8, 9]
> num.rotate
=> [2, 3, 4, 5, 6, 7, 8, 9, 1]
> num.rotate(2)
=> [3, 4, 5, 6, 7, 8, 9, 1, 2]
> num.rotate(3)
=> [4, 5, 6, 7, 8, 9, 1, 2, 3]
> num.rotate(-1)
=> [9, 1, 2, 3, 4, 5, 6, 7, 8]
```

Il metodo **sample** restituisce un elemento dell'array preso in modo random all'interno della sequenza degli elementi:

```
> num=[1,2,3,4,5,6,7,8,9]
=> [1, 2, 3, 4, 5, 6, 7, 8, 9]
> num.sample
=> 7
> num.sample
=> 2
```

Il metodo **transpose** esegue la trasposta di una matrice, quindi inverte le righe con le colonne; per comprenderne il funzionamento applichiamolo ad una semplice matrice:

```
> matrice=[[1,2],[3,4]]
=> [[1, 2], [3, 4]]
> matrice.transpose
=> [[1, 3], [2, 4]]
```

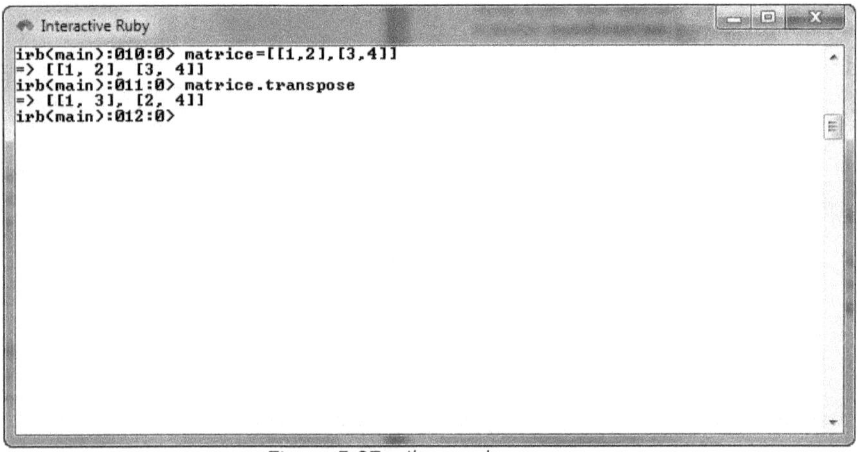

Figura 5.07 – Il metodo traspose

Il metodo **uniq** rimuove dall'array gli elementi doppi cioè quelli che compaiono più di una volta nella sequenza, in modo che alla fine ogni elemento all'interno dell'array sia unico:

```
> array = [ "a", "a", "b", "b", "c" ]
=> ["a", "a", "b", "b", "c"]
> array.uniq
=> ["a", "b", "c"]
```

Il metodo **sort** restituisce un nuovo array con gli elementi ordinati, per comprenderne il funzionamento definiamo un nuovo array in cui inseriremo dei numeri non ordinati:

```
> num=[3,4,2,5,1,6,9,7,8]
=> [3, 4, 2, 5, 1, 6, 9, 7, 8]
```

```
> num.sort
=> [1, 2, 3, 4, 5, 6, 7, 8, 9]
```

Vediamo ora alcuni metodi che ci permettono di operare sugli elementi di un array delle semplici operazioni proprie del calcolo combinatorio. Ricordiamo a tal proposito che nel calcolo combinatorio, se n e k sono due interi positivi, si definisce combinazione di n elementi presi k alla volta, ogni sottoinsieme di k oggetti estratti da un insieme di n oggetti.

Se si impone la condizione che una combinazione non può avere un elemento ripetuto si parla di combinazioni semplici, altrimenti di combinazioni con ripetizione. Nel primo caso deve essere ovviamente k ≤ n. Definiamo quindi un semplice vettore di 4 elementi (n) e poi ne calcoliamo la combinazione prendendo prima un singolo elemento per volta e poi due elementi per volta (k). Per fare questo utilizzeremo il metodo **combination** applicato nel modo seguente:

```
> a=[1,2,3,4]
=> [1, 2, 3, 4]
> a.combination(1).to_a
=> [[1], [2], [3], [4]]
> a.combination(2).to_a
=> [[1, 2], [1, 3], [1, 4], [2, 3], [2, 4], [3, 4]]
```

In tale costrutto è stato utilizzato il metodo **to_a** che trasforma l'oggetto a cui viene applicato in un array.
Passiamo quindi alle permutazioni ricordando che una permutazione rappresenta un modo per ordinare in successione n oggetto distinti, in qusto caso utilizzeremo il metodo **permutation** sempre applicato ad un array di 4 elementi:

```
> a=[1,2,3,4]
=> [1, 2, 3, 4]
> a.permutation(1).to_a
=> [[1], [2], [3], [4]]
> a.permutation(2).to_a
=> [[1, 2], [1, 3], [1, 4], [2, 1], [2, 3], [2, 4], [3, 1], [3, 2], [3, 4], [4,1], [4, 2], [4, 3]]
```

Ranges

Un **range** rappresenta un intervallo, un insieme di valori con un inizio ed una fine. Gli intervalli possono essere costruiti utilizzando l'operatore .. (due punti) oppure ... (tre punti); nel primo caso l'intervallo comprenderà tutti gli elementi forniti, nel secondo caso invece verrà escluso il valore finale. Quando **range** viene utilizzato come iteratore, i campi forniscono ogni valore presente nella sequenza. Vediamo ora dei semplici esempi per comprenderne il significato:

```
> numeri=1..10
=> 1..10
> numeri.class
=> Range
> lettere='a'..'g'
=> "a".."g"
> lettere.class
=> Range
```

L'utilità di questo particolare oggetto risiede nel fatto che quando viene creato non risulta popolato da tutti i suoi elementi, cosa che invece accade per gli array, ma viene immagazzinato come un intervallo di valori, risparmiando in questo modo memoria. Ad esempio quando si manifestasse la necessità di un suo utilizzo potrebbe essere trasformato in un array molto semplicemente:

```
> numeri=numeri.to_a
=> [1, 2, 3, 4, 5, 6, 7, 8, 9, 10]
> lettere=lettere.to_a
=> ["a", "b", "c", "d", "e", "f", "g"]
```

È possibile imporre anche uno step tra i valori successivi utilizzando il metodo step; vediamo come:

```
> range=(1..18)
=> 1..18
> range.to_a
=> [1, 2, 3, 4, 5, 6, 7, 8, 9, 10, 11, 12, 13, 14, 15, 16, 17, 18]
> range.step(2)
=> #<Enumerator: 1..18:step(2)>
> range.to_a
=> [1, 3, 5, 7, 9, 11, 13, 15, 17]
```

I ranges sono spesso utilizzati per effettuare dei confronti (ad esempio, per vedere se un numero è presente all'interno di uno specifico intervallo di valori) oppure all'interno delle iterazioni (come indici delle stesse). Vengono applicati di solito su stringhe e numeri, anche se è possibile creare campi di utilizzo diversi, il motivo è dovuto alla estrema capacità di Ruby di mettere in sequenza i valori.

Ad esempio, è facile realizzare una serie di lettere che vanno dalla A alla Z, per controllare poi se una specifica lettera è all'interno di tale intervallo, oppure per visualizzare ogni carattere dell'intervallo. Ragionamento analogo vale per i numeri interi. Vediamo allora un esempio pratico che ci permette di verificare come Ruby possa facilmente controllare se un numero reale si trovi all'interno di un determinato intervallo:

```
> serie=0.0..10.0
=> 0.0..10.0
> serie.include?(5.7)
=> true
```

Abbiamo quindi creato un oggetto range, che comprende numeri reali che vanno da 0.0 a 10.0, quindi abbiamo verificato se il numero 5.7 sia compreso in tale intervallo, ottenendo, come è ovvio che sia, un valore true. È facile comprendere il motivo che rende impossibile l'impiego degli array per effettuare un simile confronto; in tal caso si deve creare un array contenente tutti i numeri reali contenuti in un intervallo, quindi infiniti valori.

Discorso analogo può essere fatto con le date e gli anni, ad esempio risulta particolarmente semplice rappresentare un intervallo di anni ed effettuare un controllo all'interno della serie, vediamo come:

```
> anni=2009..2014
=> 2009..2014
> anni.include?(2011)
=> true
> anni.to_a
=> [2009, 2010, 2011, 2012, 2013, 2014]
```

Abbiamo dapprima creato un intervallo di anni, abbiamo verificato la presenza dell'anno 2011 nella serie, quindi abbiamo trasformato il range in array.

Hash

Esistono poi dei particolari array denominati **hash**; si tratta nella pratica di array associativi, quindi oggetti sostanzialmente simili agli array ma, che fanno uso di indici diversi. Infatti a differenza degli array che utilizzano solo ed esclusivamente dei numeri interi, gli hash possono adottare quali indici una stringa o un'espressione regolare.

In questo caso all'atto del salvataggio di un valore, sarà necessario specificare sia l'indice (chiave) sia il valore ad esso associato e la corrispondenza tra i due elementi sarà indicata attraverso il simbolo =>; il tutto racchiuso in parentesi graffe. Una volta fatto questo, per richiamare un valore di un hash basterà fare riferimento al suo indice.

La sintassi per la dichiarazione di un hash è la seguente:

```
nome_hash = {'chiave' => 'valore'}
```

dopo aver definito l'hash per richiamarne i valori basterà fare riferimento alle rispettive chiavi. Per comprenderne meglio il significato, vediamo un esempio, nel quale abbiamo utilizzato i nomignoli associati ad alcuni amici per richiamarli:

```
>amici = {"corto" => "Andrea","lungo" => "Ciro","dotto" => "Luca"}
=> {"corto"=>"Andrea", "lungo"=>"Ciro", "dotto"=>"Luca"}
>print amici["corto "]," detto il ",amici.keys[0],"\n"
=> Andrea detto il corto
>print amici["lungo "]," detto il ",amici.keys[1],"\n"
=> Ciro detto il lungo
>print amici["dotto"]," detto il ",amici.keys[2],"\n"
=>Luca detto il dotto
```

nella stampa dei singoli elementi del hash amici, abbiamo poi utilizzato il metodo keys, che restituisce un array contenenti le chiavi. Per aggiungere poi un ulteriore elemento al nostro hash, basterà digitare:

```
> amici['goffo']='Marco'
=> "Marco"
> amici
=> {"corto"=>"Andrea","lungo"=>"Ciro","dotto"=>"Luca","goffo"=>"Marco"}
```

Hash multidimensionali

Vediamo ora un altro modo di utilizzo degli hash: gli hash multidimensionali. Si tratta di hash i cui elementi rappresentano essi stessi degli hash e ci pemettono di creare una collezione di oggetti strutturata.

Analizziamo l'impiego degli hash multidimensionali trattando un caso pratico e cioè costruendo una sorta di rubrica in cui andremo ad inserire tutte le informazioni relative ai fornitori di una cartoleria. Partiamo dalla costruzione dei singoli hash relativi ai diversi fornitori:

```
>carta = {:nome => 'Bianchi', :luogo => 'Napoli',:tel => 081111111, :mail
=> 'bianchi@Ruby.it'}
>penne = {:nome => 'Rossi', : luogo => 'Caserta',:tel => 082311111, :mail
=> 'rossi@Ruby.it'}
```

```
>pastelli = {:nome => 'Verde', : luogo => 'Salerno',:tel => 089111111,
:mail => 'verde@Ruby.it'}
    >quaderni = {:nome => 'Neri', : luogo => 'Avellino',:tel => 082511111,
:mail => 'neri@Ruby.it'}
    >matite = {:nome => 'Rosi', : luogo => 'Benevento',:tel => 082411111,
:mail => 'rosi@Ruby.it'}
```

Figura 5.08 – Hash multidimensionali

Dopo aver creato i singoli hash andiamo a creare l'hash multidimensionale:

```
>fornitori = {'carta' => carta, 'penne' => penne, 'pastelli' => pastelli,
'quaderni' => quaderni, 'matite' => matite}
```

Adesso per richiamare ogni singola informazione contenuta nella collezione di oggetti potremo utilizzare una sintassi del tipo:

```
>puts fornitori['carta'][:nome]
```

che fornirà come risultato:

```
=>Bianchi
```

È facile comprendere l'utilità di un simile costrutto, che ci permetterà ad esempio di creare in modo semplice ed immediato una rubrica con tutti i dati relativi alla nostra attività; rubrica che poi potrà essere consultata velocemente attraverso poche istruzioni che verranno implementate in moduli creati per l'occasione.

Tutto questo senza utilizzare banche dati ed occupando poco spazio in memoria.

Metodi per gli hash

I metodi associati ad un hash sono molteplici, di seguito ne vediamo un lista ristretta, con degli esempi che ne spiegano il funzionamento.

Partiamo dall'analisi del nostro oggetto hash con l'utilizzo del metodo **length** che restituisce il numero delle coppie indici/valori.

Per meglio comprenderne il funzionamento utilizziamo l'hash carta definito nel paragrafo precedente.

```
>   carta  =  {:nome=>"Bianchi",  :luogo=>"Napoli",  tel=>"081111111",
:mail=>"bianchi@Ruby.it"}
> carta.length
=> 4
```

Il metodo **keys** restituisce invece un array contenente le chiavi dell'hash a cui viene applicato:

```
>   carta  =  {:nome=>"Bianchi",  :luogo=>"Napoli",  tel=>"081111111",
:mail=>"bianchi@Ruby.it"}
> carta.keys
=> [:nome, :luogo, :tel, :mail]
```

Il metodo **delete** elimina dall'hash l'elemento indicato, infatti elimina e restituisce la coppia chiave-valore dall'hash la cui chiave è passata tra parentesi.

Se la chiave non viene trovata all'interno dell'hash, restituisce il valore di default.

```
> carta.delete(:mail)
=> "bianchi@Ruby.it"
> carta
=> {:nome=>"Bianchi", :luogo=>"Napoli", :tel=>"081111111"}
```

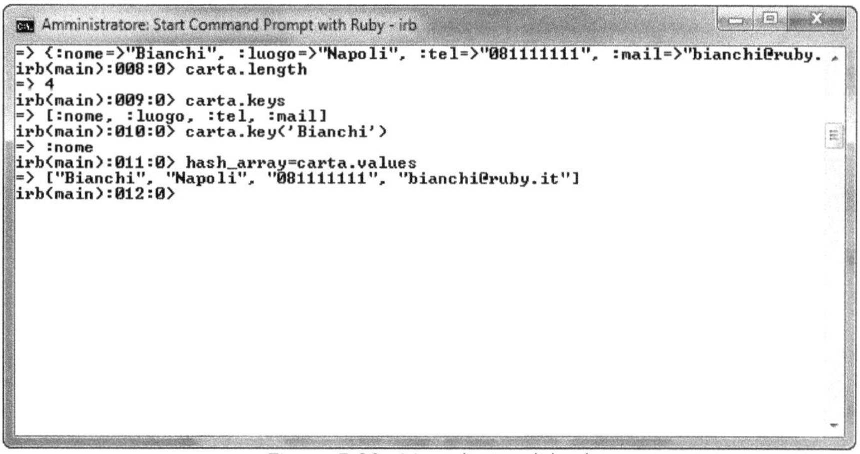

Figura 5.09– Metodi per gli hash

Il metodo **key** restituisce il valore associato a quella chiave:

```
> carta.key('Bianchi')
=> :nome
```

Il metodo **keys** restituisce un array popolato con le chiavi presenti nell'hash a cui viene applicato:

```
> hash_array=carta.keys
=> [:nome, :luogo, :tel]
> hash_array.class
=> Array
```

Il metodo **values** restituisce un array contenente tutti i valori dell'hash:

```
> hash_array=carta.values
=> ["Bianchi", "Napoli", "081111111"]
> hash_array.class
=> Array
```

Il metodo **invert** restituisce un hash con le coppie chiave/valore inverti-te:

```
> carta.invert
=> {"Bianchi"=>:nome, "Napoli"=>:luogo, "081111111"=>:tel}
```

Quando si cerca di accedere a indici non presenti nell'hash viene resti-tuito un valore di default, "nil" che possiamo identificare come il risul-tato di una chiamata ad indici inesistenti.

Il metodo delete, visto in precedenza, prevede l'utilizzo di un blocco opzionale; se il blocco è utilizzato e la chiave non viene trovata, è restituito il risultato del blocco.

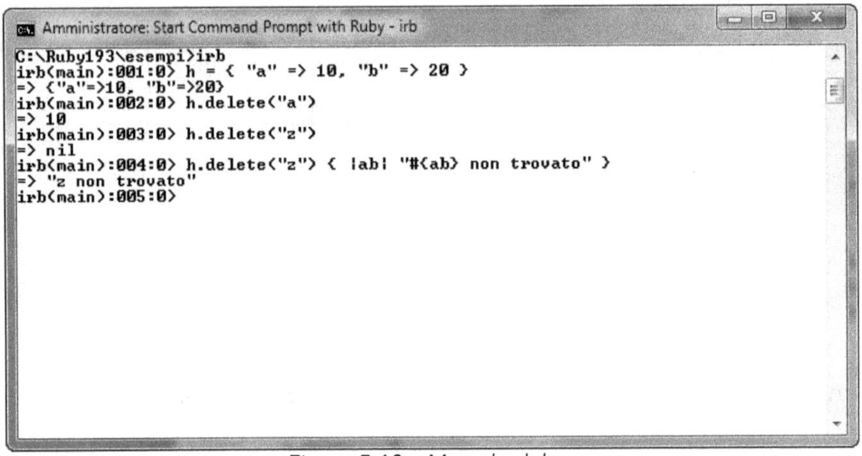

Figura 5.10 – Metodo delete

Per capirne il funzionamento analizziamo il seguente codice:

```
h = { "a" => 10, "b" => 20 }
h.delete("a")
=> 10
h.delete("z")
=> nil
h.delete("z") { |ab| "#{ab} non trovato" }
=> "z non trovato"
```

Capitolo sesto
Strutture per il controllo del flusso

Le strutture di controllo rappresentano dei costrutti sintattici che disciplinano il flusso di esecuzione di un programma, ovvero che servono a specificare se, quando, in quale ordine e quante volte devono essere eseguite le istruzioni che lo compongono. In questo capitolo analizzeremo nel dettaglio, gli strumenti che Ruby ci mette a disposizione, per controllare il flusso delle operazioni; vedremo come inserire nel nostro programma delle istruzioni di diramazione così come analizzeremo i cicli iterativi.

Il flusso delle informazioni

Nella realizzazione di programmi complessi, si deve ricorrere spesso a strutture che indirizzino il normale flusso delle operazioni in una direzione piuttosto che in un'altra. Questo perché l'esecuzione sequenziale del codice, passo dopo passo, viene adottata solo per la stesura di semplici programmi, di solito quelli che vengono proposti come esempio a scopo didattico; nei capitoli precedenti abbiamo potuto analizzare diversi esempi di programmi sequenziali.

In altri casi è necessario disporre di costrutti che ci permettano di eseguire calcoli diversi a seconda dei valori assunti da alcune variabili; cioè di istruzioni che ci consentano di controllare l'ordine con il quale, le righe di codice che formano il programma, siano eseguite.

Il linguaggio di scripting Ruby è dotato di diverse strutture per il controllo del flusso logico delle operazioni; tali strutture hanno la forma di un blocco di istruzioni che presentano delle chiavi speciali identificative di particolari proprietà. In questo modo viene identificata la parte iniziale del blocco attraverso la chiave iniziale e la struttura dell'istruzione attraverso le chiavi intermedie. L'ingresso a tali strutture è consentito esclusivamente attraverso la chiave iniziale; tali blocchi possono poi presentarsi innestati, nel senso che una struttura di controllo può essere inserita all'interno di un'altra struttura.

Come nel caso di altre istruzioni composte, le istruzione di controllo del flusso sono costituite da un'intestazione e da un blocco di istruzioni:

```
intestazione
    istruzione 1
    ...
    ultima istruzione
```

L'intestazione della struttura ha inizio con una nuova riga di codice, seguono poi una serie di istruzioni indentate che rappresentano il blocco di istruzioni, alla fine c'è la parola chiave end che termina la struttura.

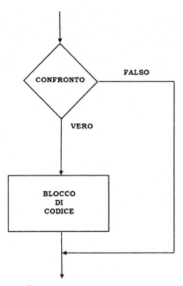

Figura 6.1 – Diagramma di flusso di una tipica istruzione di diramazione

Le strutture per il controllo del flusso si dividono in due grandi famiglie, secondo il tipo di istruzioni che disciplinano:
- **istruzioni di diramazione** – consentono di eseguire specifiche sezioni di codice;
- **cicli** – consentono di ripetere più volte l'esecuzione di una parte del codice.

Vediamo allora, analizzandole nel dettaglio, le istruzioni associate a queste due tipologie di strutture.

La struttura IF

Le istruzioni di diramazione, come già anticipato, permettono di eseguire specifiche sezioni del programma, vengono anche dette istruzioni di salto in quanto ci danno la possibilità di saltare da un punto all'altro del codice attraverso una semplice istruzione.

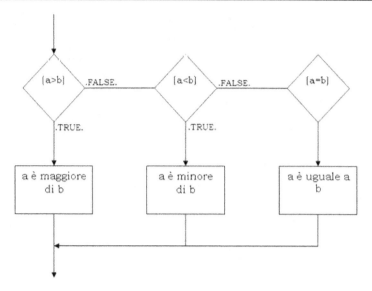

Figura 6.2 – Diagramma di flusso di una struttura IF

La struttura **if** valuta un'espressione logica ed esegue un gruppo di asserzioni quando l'espressione risulta vera. La chiave **elsif** permette di specificare casualità non definite da **if**, mentre la chiave **else** permette di stabilire cosa accade nel caso la condizione imposta da **if** non si avveri; queste due ultime chiavi sono opzionali e come abbiamo visto provvedono ad eseguire gruppi alternati di asserzioni. I gruppi di asserzioni sono delineati da queste tre chiavi e sono previste parentesi nel costrutto, ricordiamo poi che la struttura ha termine con la parola chiave **end**. Vediamo allora il costrutto dello statement **if**:

```
if condizione then
   esegui azione
elsif  condizione then
   esegui azione
elsif  condizione then
   esegui azione
else:
   esegui azione
end
```

Si tenga presente che la chiave **then** viene spesso omessa. Per comprendere meglio il suo utilizzo analizziamo lo statement **if** in un esempio (figura 6.2):

```
if a>b
   puts 'a maggiore di b'
elsif a<b
   puts 'a minore di b'
```

```
else
  puts 'a uguale a b'
end
```

In questo esempio, i tre casi sono mutuamente esclusivi, ma se ciò non fosse, sarebbe eseguita la prima condizione vera. Tutto questo assume un'importanza fondamentale al fine di capire come gli operatori relazionali e le strutture if lavorano.
Ogni blocco d'istruzioni è naturalmente indentato: Ruby prevede due spazi d'indentazione per ogni nuovo livello. Tale procedura di formattazione, anche se non obbligatoria, rende il codice certamente più leggibile e ne migliora quindi la riusabilità.

Il costrutto if può essere utilizzato anche con una sola verifica di condizione, nella seguente forma:

```
if condizione then
    esegui istruzione
```

in tal caso, se si verifica la condizione viene eseguita l'istruzione specificata, altrimenti si passa subito alla successiva istruzione eseguibile che compare nel programma. Tale forma può essere rappresentata anche in una sola riga, vediamo come:

```
if condizione then esegui istruzione end
```

Infine per comprendere meglio l'utilizzo del costrutto if ci faremo aiutare da un classico esempio di programmazione: la determinazione delle radici di un'equazione di secondo grado. Sia data un'equazione di secondo grado nella forma:

```
ax²+bx+c=0
```

Come tutti sappiamo il tipo di radici di un'equazione di tale tipo dipende dal valore assunto dal suo discriminante e cioè dal termine:

$$\Delta = b^2 - 4\,a\,c$$

Allora si possono presentare tre condizioni mutuamente esclusive:
- $\Delta > 0$ – l'equazione ammette due radici reali e distinte;
- $\Delta = 0$ – l'equazione ammette due radici reali e coincidenti;
- $\Delta < 0$ – l'equazione ammette due radici complesse e coniugate.

Poiché come peraltro indicato le soluzioni si escludono a vicenda, la ricerca delle radici di un'equazione di secondo grado rappresenta un classico esempio di applicazione del costrutto if. Per comprendere il funzionamento del costrutto è stato implementato un algoritmo per la determinazioni delle radici di un'equazione di secondo grado.

Nella costruzione del programma per la determinazioni delle radici di un'equazione di secondo grado abbiamo preferito, per rendere il programma più usabile inserire i dati dell'equazione da tastiera. A tal proposito Ruby fornisce un insieme di funzioni predefinite che permettono di inserire dati da tastiera.

La più semplice di esse è la funzione **gets**. Quando viene inserita una chiamata a tale funzione il programma si ferma ed attende che l'operatore inserisca l'informazione, confermando poi l'inserimento con il tasto Invio (o Enter). A quel punto il programma riprende e la funzione gets fornisce ciò che l'operatore ha inserito:

```
> nome = gets
giuseppe
>print nome
giuseppe
```

Prima di chiamare la funzione gets risulta opportuno stampare un messaggio a video che avvisi l'operatore di ciò che deve essere inserito. Questo messaggio è chiamato prompt e può essere passato utilizzando la funzione puts:

```
> puts "Qual è il tuo nome? "
> nome = gets
>>> print nome
Giuseppe
```

Quello che segue rappresenta un algoritmo per la determinazioni delle radici di un'equazione di secondo grado.

```
#!/usr/bin/Ruby
# radici di una equazione di 2° grado
# varibili utilizzate nel programma
# float a      coefficiente termine di 2 grado
# float b      coefficiente termine di 1 grado
# float c      termine noto
# float delta discriminante equazione
# float r1,r2 radici reali equazione
# float conjg funzione intrinseca complesso coniugato
# complex c1, c2 radici complesse equazione
```

```
# Inserimento coefficienti
puts'Digitare il coefficiente a: '
a= gets
a=a.to_f
puts'Digitare il coefficiente b: '
b= gets
b=b.to_f
puts'Digitare il coefficiente c: '
c= gets
c=c.to_f

#valutazione del discriminante
delta = b**2-4*a*c


#Determinazione del tipo di radici
if delta>0
    puts 'Radici reali e distinte'
    r1 = (-b-Math.sqrt(delta))/(2*a)
    r2 = (-b+Math.sqrt(delta))/(2*a)
    puts r1,r2
elsif delta == 0
    puts 'Radici reali e coincidenti'
    r1 = -b/(2*a)
    r2 = r1
    puts r1,r2
else
    puts 'Radici complesse coniugate'
    c1 = Complex(-b/(2*a),-Math.sqrt(-delta)/(2*a))
    c2 = c1.conjugate
    puts c1,c2
end
```

Poiché si tratta di uno script, per poterlo far funzionare, è necessario salvarlo con estensione .rb con un text editor qualsiasi (ad esempio Notepad). Quindi bisogna aprire una finestra di terminale spostarsi nella cartella che contiene lo script e digitare al prompt:

```
>ruby script.rb
```

A questo punto potremo visualizzare il risultato dell'elaborazione, che nel caso dello script analizzato è riportato nella figura 6.3.

Analizziamo ora il codice contenuto nello script, come già detto si tratta di un algoritmo per la determinazioni delle radici di un'equazione di secondo grado; nella parte iniziale viene importata la funzione sqrt contenuta nel modulo Math che ci permetterà di eseguire la radice quadrata, quindi si passa a descrivere, attraverso l'ausilio dei commenti le variabili utilizzate.

Si passa poi all'importazione dei coefficienti attraverso la relativa digitazione da tastiera con l'utilizzo del metodo gets; poiché tale funzione importa i dati in formato stringa è stato necessario convertire tali dati in formato float attraverso il metodo apposito appunto **to_s**. Quindi si eseguono i calcoli per la determinazione del discriminante e solo a questo punto si esegue il ciclo if che ci permetterà di controllare il tipo di soluzioni che l'equazione ammette in funzione dei coefficienti introdotti. Infine il risultato viene stampato a video.

Figura 6.3 – Determinazioni delle radici di un'equazione di secondo grado

Operatore condizionale

L'operatore condizionale o operatore ternario, rappresentato dal simbolo **?**, permette di rendere condizionale l'assegnamento di uno specifico valore. Il costrutto si compone di tre parti: un'espressione booleana, seguita da un carattere ? (punto interrogativo), e due espressioni generiche separate a loro volta da un carattere : (due punti). La sintassi è la seguente:

```
condizione ? espressione1 : espressione2
```

Se l'espressione booleana risulta vera, si restituisce il valore della prima espressione; in caso contrario si restituisce il valore della seconda espressione.

Vediamo subito un caso pratico: applichiamo l'operatore condizionale per eseguire il valore assoluto su una variabile:

```
x = y > = 0 ? y : -y
```

quindi la variabile x sarà assegnata pari ad y se questa è maggiore di zero altrimenti sarà assegnata pari a −y. Per rendere più chiaro il funzionamento dell'operatore condizionale ternario facciamoci aiutare dalle parentesi:

```
x = (y > = 0) ? y : -y
```

Lo stesso costrutto poteva essere ottenuto attraverso l'istruzione if nel seguente modo:

```
x = if y > = 0 then y else -y end
```

Vediamo ora l'uso dell'operatore condizionale associate al metodo **define?** che ci consente di verificare se una data variabile risulta definita, nel momento in cui viene utilizzata. Adoperiamo ancora una volta l'operatore di assegnazione associato ad un controllo condizionale operato dal metodo define?:

```
x = (defined? a) ? a : (a = "non definita")
```

in questo modo se la variabile è già definita, è posta pari ad **a** altrimenti verrà operata l'assegnazione con la stringa che ci ricorda che al momento la variabile **a** non risulta ancora definita.

La struttura SELECT CASE

La struttura **select case** può essere usata per eseguire un insieme di criteri di selezione alternativi; in questo modo il programmatore viene messo nelle condizioni di selezionare un determinato blocco di istruzioni a seconda del valore assunto da una variabile di controllo. La sintassi del costrutto è riportata di seguito:

```
case espressione
when selettore1
   istruzione 1
   istruzione 2
   .......
when selettore2
   istruzione 1
   istruzione 2
   .......
   .......
else
   istruzione 1
   istruzione 2
```

```
· · · · · · ·
end
```

La variabile di controllo (che nell'esposizione della sintassi è stata indicata con il termine espressione) può essere un numero intero, una stringa di caratteri, o un'espressione logica.

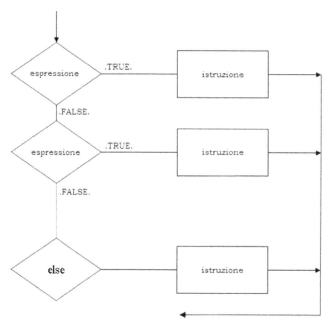

Figura 6.4 – Diagramma di flusso della struttura case

L'opzione else in un costrutto case può essere omessa, ma è preferibile inserirla per migliorare lo stile del codice; essa viene utilizzata nel caso nessuna delle opzioni inserite risulti selezionata.

Nella struttura **case** un significato importante è assunto dal selettore, nel senso che agendo su di esso è possibile stabilire i criteri di scelta. Il selettore deve essere dello stesso tipo della variabile di controllo e può essere rappresentato da:
- un singolo valore del tipo integer, character o logical;
- un range di valori.

A questo punto se il valore assunto dall'espressione è compreso nell'intervallo dei valori assunti dal **selettore1** verranno eseguite le istruzioni contenute in questo blocco; se invece il valore assunto dall'espressione è compreso nell'intervallo dei valori assunti dal **selettore2** verranno eseguite le istruzioni del blocco relativo, e così proseguendo per tutti i casi previsti.

Come già indicato, l'opzione else può essere omessa e copre tutti gli altri possibili valori assunti da espressione, non previsti dalle istruzioni case; se viene omessa e il valore assunto da espressione non è compreso in nessuno degli intervalli previsti dai selettori, allora non sarà eseguita alcuna istruzione.

Vediamo ora un programma in cui si fa uso della struttura case; si tratta di un semplice programma che in funzione del numero che si digita sulla tastiera fornisce il corrispondente mese dell'anno.

```ruby
#!/usr/bin/Ruby
#Programma per la selezione del mese

puts 'Digitare il numero corrispondente al mese'

puts 'Il numero deve essere compreso tra 1 e 12'

mese=gets
mese=mese.to_i

case mese
    when 1
    puts 'GENNAIO'
    when 2
    puts 'FEBBRAIO'
    when 3
    puts 'MARZO'
    when 4
    puts 'APRILE'
    when 5
    puts 'MAGGIO'
    when 6
    puts 'GIUGNO'
    when 7
    puts 'LUGLIO'
    when 8
    puts 'AGOSTO'
    when 9
    puts 'SETTEMBRE'
    when 10
    puts 'OTTOBRE'
    when 11
    puts 'NOVEMBRE'
    when 12
    puts 'DICEMBRE'
    else
    puts 'ERRORE numero non compreso tra 1 e 12'
end
```

Dopo aver eseguito il programma si ottiene il listato riportato nella Figura 6.5. In conclusione è importante precisare che i selettori devono essere mutuamente esclusivi, o ciò che è lo stesso un preciso valore non può apparire in più di un selettore.

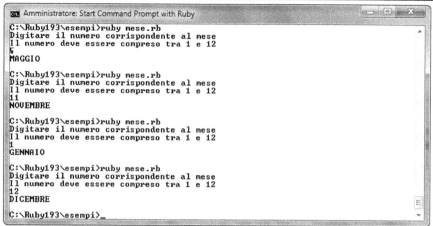

Figura 6.5 – Programma per la stampa del mese associato ad un numero

Ciclo while

Spesso accade che una stessa istruzione debba essere ripetuta un certo numero di volte, in tali casi per evitare di dover riscrivere lo stesso codice sono stati previsti particolari costrutti che permettono appunto tali operazioni.

Tali costrutti si differenziano a seconda del tipo di controllo che viene effettuato per stabilire il numero di volte che il ciclo deve essere ripetuto. Infatti sono disponibili strutture che eseguono la ripetizione un numero prefissato di volte, e strutture in cui tale numero è determinato dal verificarsi di una particolare condizione.

In molti casi è necessario che un ciclo venga ripetuto fintanto che una condizione rimane verificata (while). Per tali casi, Ruby offre delle specifiche istruzioni che si prestano al particolare uso. Ad esempio il ciclo while richiede la seguente sintassi:

```
while condizione do
   istruzioni 1
   istruzioni 2
   .......
end
```

La parola chiave **do** risulta opzionale fin tanto che le istruzioni seguono su una nuova linea. In questo caso si continua ad iterare nel ciclo fino a quando la condizione rimane vera, appena essa diventa falsa si esce dal ciclo e si eseguono le istruzioni successive.

È opportuno precisare che qualora la condizione dichiarata dalla espressione logica sia sempre verificata il ciclo verrà ripetuto all'infinito.

Tutto questo rappresenta un potenziale problema che riguarda tutti i cicli condizionati e cioè quei cicli che non si ripetono un numero prefissato di volte.

L'esecuzione del blocco di istruzioni presenti all'interno del ciclo avviene secondo tale sequenza:

- viene dapprima valutato il valore dell'espressione logica riportata in condizione;

- se il corrispondente valore risulta .FALSE., nessuna istruzione del blocco viene eseguita e il controllo passa alla prima istruzione che compare dopo il ciclo;

- se invece tale valore risulta .TRUE., allora viene eseguito il blocco di istruzioni a partire dalla prima istruzione che segue l'istruzione while.

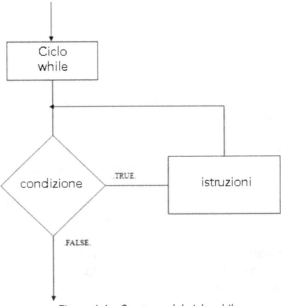

Figura 6.6 – Struttura del ciclo while

Analizziamo subito un esempio: scriviamo un programma che chiede di inserire un numero intero n e stampa a video i primi n numeri.

```
#!/usr/bin/Ruby
#program uscita
#utilizzo ciclo while
puts 'Digita un intero positivo'
n=gets
n=n.to_i
i=1
puts 'stampa dei risultati'
while i<=n do
        puts i
i=i+1
```

```
    end
```

Nella figura 6.7 è riportato il risultato del programma uscita.

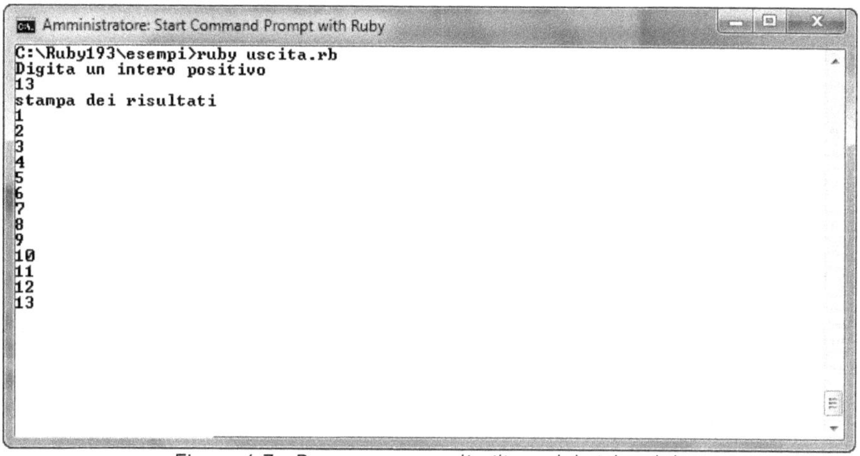

Figura 6.7 - Programma per l'utilizzo del ciclo while

Analizziamo un ulteriore esempio: implementiamo a tal proposito un algoritmo per la valutazione della radice quadrata di un numero fornito dall'utente, introducendo però un controllo sul segno del numero.

```
#!/usr/bin/Ruby
#programma radice
#
#variabili utilizate
#float      num
#bool    segno_num
#
#Utilizzo del ciclo WHILE
#
segno_num=true
while segno_num do
  puts 'Digita un intero positivo'
  num=gets
  num=num.to_i
  if num > 0
    puts 'La radice quadrata di ',num,'risulta ',Math.sqrt(num)
  else
    segno_num = false
    puts 'Errore digitato un intero negativo'
  end
end
```

Nella Figura 6.8 è riportato il risultato del programma radice. Analizzando il listato è possibile notare che fin quando si digita un valore positivo, viene valutata la radice quadrata del numero e ne viene stampato a video il risultato; nel momento in cui viene introdotto un valore negativo, viene impostata la variabile logica **segno_num** a false ed in questo modo si esce dal ciclo while.

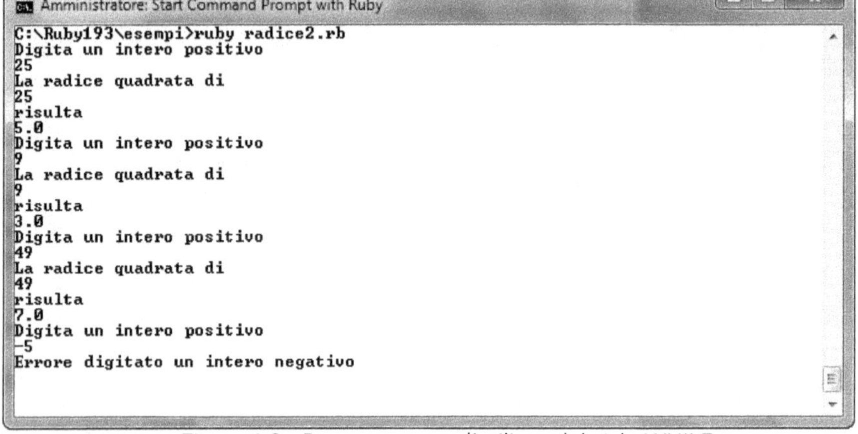

```
Amministratore: Start Command Prompt with Ruby
C:\Ruby193\esempi>ruby radice2.rb
Digita un intero positivo
25
La radice quadrata di
25
risulta
5.0
Digita un intero positivo
9
La radice quadrata di
9
risulta
3.0
Digita un intero positivo
49
La radice quadrata di
49
risulta
7.0
Digita un intero positivo
-5
Errore digitato un intero negativo
```

Figura 6.8 - Programma per l'utilizzo del ciclo WHILE

Infine è opportuno precisare che quando si esegue un ciclo, qualunque esso sia, è sempre possibile forzare l'uscita, in ogni momento mediante il comando **break**, che permette di saltare fuori da un ciclo ignorando le restanti istruzioni da eseguire.

Ciclo until e unless

Il ciclo **until** è l'opposto del ciclo while, nel senso che le istruzioni vengono ripetute fintanto che la condizione rimane falsa. La sintassi è simile a quella del ciclo while, naturalmente cambia la parola chiave che risulta essere until:

```
until condizione do
  istruzioni 1
  istruzioni 2
  .......
end
```

La parola chiave **do** risulta opzionale quando le istruzioni seguono su una nuova linea. In questo caso si continua ad iterare nel ciclo fino a quando la condizione rimane falsa, appena essa diventa vera si esce dal ciclo e si eseguono le istruzioni successive.

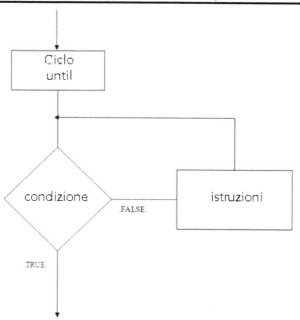

Figura 6.9 – Struttura del ciclo until

Vediamo un semplice esempio di ciclo iterativo in cui si implementa un contatore fino a quando non raggiunge un opportuno valore:

```
n = 1
until n > 10 do
puts n
n + = 1
end
```

Il ciclo **unless** invece è l'opposto del costrutto **if**, infatti se if esegue le istruzioni quando la condizione risulta vera, unless invece le esegue quando la condizione risulta falsa.
La sintassi è del tipo:

```
unless condizione
   istruzione1
else
   istruzione2
end
```

Mettiamo allora a confronto la struttura if con unless, in un semplice esempio che calcola il valore assoluto di un numero:

```
if num>0
   num=num
```

```
else
   num=-num
end
```

vediamo invece come andrebbe scritta con un ciclo unless:

```
unless num>0
   num=-num
else
   num=num
end
```

come è possibile notare, nel ciclo unless, le condizioni sono state invertite rispetto al ciclo if.

Ciclo FOR

Nei linguaggi di programmazione un ciclo che esegue un blocco di istruzioni un numero determinato di volte è detto ciclo iterativo. La struttura for consente di ripetere un numero prefissato di volte un certo blocco di istruzioni, controllando la ripetizione del ciclo mediante un contatore.
Inoltre un ciclo for permette il cosiddetto attraversamento di un oggetto e cioè un'elaborazione trasversale con la quale un oggetto viene analizzato in tutti i suoi elementi a partire dal primo e fino all'ultimo.

La sintassi di un ciclo for è la seguente:

```
for indice in oggetto do
    istruzioni
end
```

Vediamo dapprima il suo utilizzo nel caso si voglia ripetere una istruzione un determinato numero di volte; in tal caso ci faremo aiutare dalla funzione range che, come già visto, ci permette di costruire in modo rapido una sequenza di numeri.

```
for indice in 1..10 do
   print indice, " "
end
```

Da notare che l'istruzione **do** risulta opzionale, ma deve essere inclusa quando l'istruzione viene inserita nella stessa riga, come evidenziato di seguito:

```
for indice in 1..10 do print indice, " " end
```

Nella struttura di programma appena vista, la variabile indice è una variabile intera utilizzata come contatore del ciclo iterativo, mentre le quantità intere inizio (1) e fine (10) sono i parametri del ciclo; esse assumono il compito di controllare i valori della variabile indice durante l'esecuzione del ciclo.

Le istruzioni che seguono la riga in cui compare la parola chiave for, formano il corpo del ciclo iterativo e vengono eseguite ad ogni ripetizione del ciclo. Analizziamo allora il costrutto del ciclo for:

```
for indice in inizio..fine
    print indice
end
```

nel momento in cui si entra nel ciclo, viene assegnato il valore inizio alla variabile di controllo indice. Se si verifica che:

```
indice < fine
```

vengono eseguite le istruzioni che compaiono all'interno del corpo del ciclo.

In seguito all'esecuzione di tali istruzioni, la variabile di controllo viene aggiornata nel modo seguente:

```
indice = indice + 1
```

a questo punto viene eseguito un nuovo controllo sul contatore; se risulta:

```
indice < fine
```

il programma ripete ancora una volta le istruzioni contenute nel corpo del ciclo.

Tale passaggio viene ripetuto fino a quando la condizione seguente risulta verificata:

```
indice < fine
```

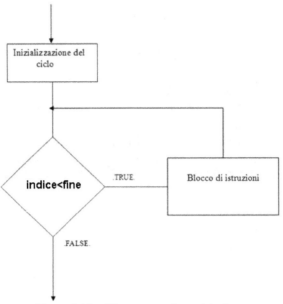

Figura 6.10 – Diagramma di un ciclo for

Nel momento in cui questa condizione non risulta più vera, il controllo passa alla prima istruzione che si trova dopo la fine del ciclo.

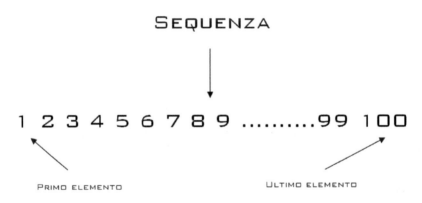

Figura 6.11 – Sequenza di valori

L'esempio che segue ci permetterà di comprendere meglio il meccanismo esaminato nei passi precedenti. Analizziamo allora le seguenti istruzioni:

```
for i in 1..100
   istruzione 1
   ......
   ......
```

```
        istruzione n
    end
```

In questo caso, le istruzioni da 1 a n saranno eseguite 100 volte. L'indice del ciclo assumerà il valore 100 durante l'ultimo passaggio del ciclo. Quando il controllo passerà all'istruzione che compare dopo il centesimo passaggio, l'indice del ciclo assumerà il valore 101.

A questo punto poiché la condizione **indice<fine** non sarà più vera il controllo passerà alla prima istruzione presente dopo il ciclo for.

Vediamo un esempio che ci consente di costruire la tabellina del 9:

```
#!/usr/bin/Ruby
#Programma per la costruzione della tabellina del 9

for i in 1..10
  print "9 x " + i.to_s + " = ", i * 9, "\n"
end
```

Il risultato è riportato nella figura 6.12

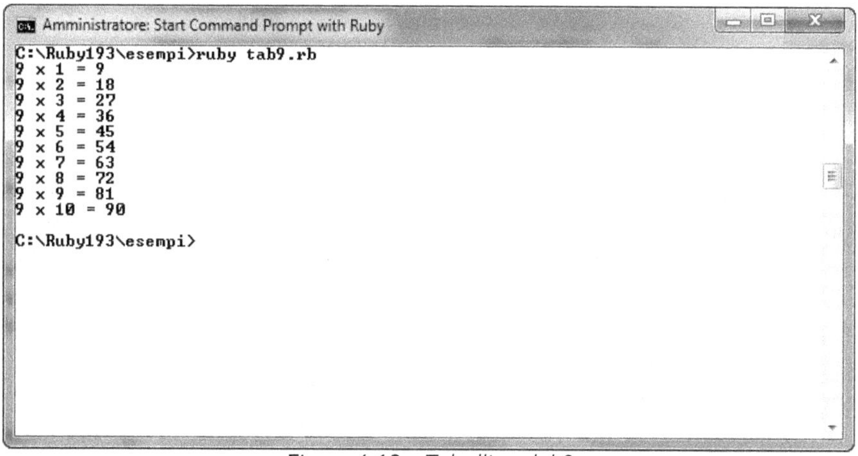

Figura 6.12 – Tabellina del 9

Analizziamo ora un ulteriore esempio: costruiamo un algoritmo che letto un intero n valuta il quadrato dei primi n interi e stampa a video i risultati.

```
#!/usr/bin/Ruby
#programma quadrato

#varibili utilizzate
```

```
#int i, n, q
#
# Utilizzo del ciclo for
#
print 'Digita un intero positivo', "\n"
n=gets
n=n.to_i
for i in 1..n
  q = i**2
  print 'Il quadrato del numero ',i,' risulta pari a ', q, "\n"
end
```

Nella Figura 6.13 è riportato il risultato del programma quadrato.

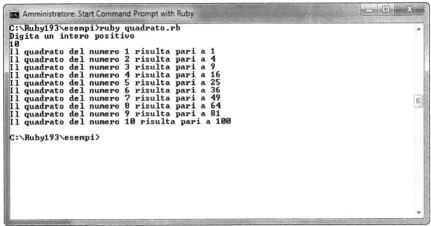

Figura 6.13 – Programma per il calcolo del quadrato di un intero

Come già anticipato in precedenza, il ciclo for viene utilizzato per eseguire il cosiddetto attraversamento di un oggetto, e cioè un'elaborazione trasversale con la quale un oggetto viene analizzato in tutti i suoi elementi a partire dal primo e fino all'ultimo.

Facciamo un esempio: supponiamo di avere una lista che contiene i nomi dei nostri amici, allora stampiamone il contenuto attraverso l'impiego di un ciclo for:

```
> lista=['giuseppe','tiziana','luigi','simone']
for i in lista
        print i, "\n"
end
```

in questo modo otteniamo:

```
giuseppe
tiziana
luigi
```

```
simone
```

In tal caso il contatore del ciclo è una variabile i alla quale viene assegnato, ad ogni passo del ciclo, un valore della lista. In questo modo
all'interno del gruppo delle istruzioni contenute nel ciclo è possibile
operare sul singolo elemento della lista.

I cicli iterativi possono presentarsi anche in forma annidata; a tal proposito due cicli si dicono annidati quando un ciclo giace interamente
all'interno dell'altro.
Un esempio di cicli annidati è riportato nel blocco di istruzioni seguenti
che ci permettono di costruire tutte le tabelline da 1 a 10:

```ruby
for i in 1..10
  for j in 1..10
    print i.to_s + " x " + j.to_s + " = ", j * i, "\n"
  end
end
```

In questo caso, il ciclo esterno attribuisce il valore 1 all'indice i, dopo-
diche attraverso il ciclo interno, con l'indice j che assume i valori da 1 a
10, è costruita la tabellina dell'uno. Quando il ciclo interno è completa-
to, il ciclo esterno attribuisce il valore 2 alla variabile i e attraverso il ciclo interno è costruita la tabellina del 2. In questo modo il ciclo viene
iterato fino a conclusione del ciclo esterno.
Nei cicli annidati il ciclo interno viene sempre portato a conclusione
prima che l'indice del ciclo esterno venga incrementato. Poichè non risulta possibile cambiare il contatore all'interno di un ciclo for, non è
quindi possibile adoperare il medesimo indice per due cicli annidati,
questo perchè il ciclo interno modificherebbe il valore dell'indice
all'interno del corpo del ciclo esterno.

Blocchi e iteratori

Gli iteratori rappresentano una fondamentale e importante struttura di
controllo del flusso nel linguaggio di scripting Ruby. In pratica, gli iteratori sono utilizzati per effettuare delle operazioni che si ripetono più
volte, come in un ciclo. Possiamo quindi pensare gli iteratori, come dei
metodi che eseguono un blocco di codice un certo numero di volte.
Gli iteratori sono pertanto inseriti in blocchi, che vengono creati utilizzando le parole chiave **do** e **end**:

```ruby
oggetto.iteratore do
  istruzione
```

```
end
```

I blocchi di istruzioni che devono essere ripetuti, possono essere scritti anche in una singola linea; in tal caso verranno utilizzate le parentesi graffe:

```
oggetto.iteratore {istruzione}
```

In ogni caso dopo la chiamata al metodo, la parola chiave **do** o la parentesi graffa di apertura deve essere posta sulla stessa linea della chiamata al metodo. Ruby ci mette a disposizione diversi tipi di iteratori, sarà a nostra discrezione utilizzare quello che meglio si adatta al nostro caso. Vediamo un primo esempio utilizzando l'iteratore **times**:

```
>3.times { puts 'Un saluto da Giuseppe' }
Un saluto da Giuseppe
Un saluto da Giuseppe
Un saluto da Giuseppe
```

Nel blocco appena proposto, viene utilizzata una stringa di testo che viene stampata per 3 volte.

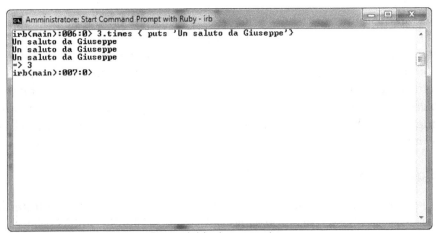

Figura 6.14 – Iteratore times

A volte gli iteratori vengono utilizzati per implementare una variabile; per fare questo, basterà scrivere la variabile all'interno di barre verticali come prima cosa all'interno del blocco. Vediamo come:

```
>3.times {|var| puts var}
0
1
```

2

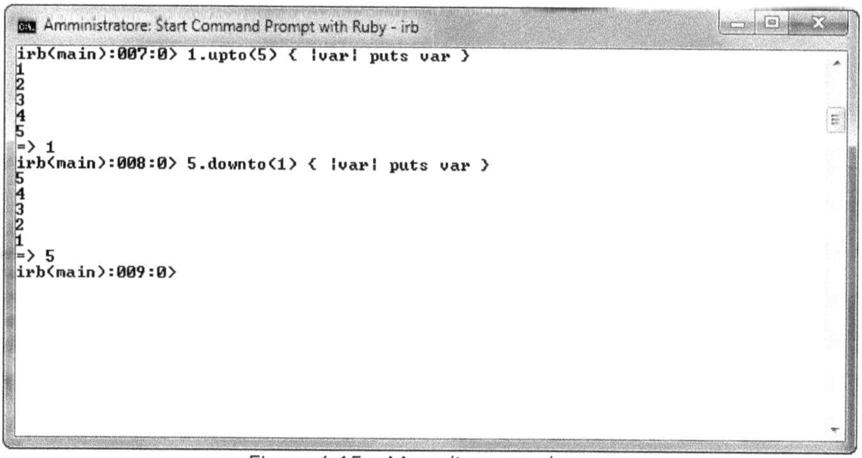

Figura 6.15 – Metodi upto e downto

Una cosa analoga può essere eseguita con i metodi **upto** e **downto**, che come si può facilmente intuire incrementano e decrementano una variabile da un valore intero ad un altro (Figura 6.15):

```
>1.upto(5) { |var| puts var }
1
2
3
4
5
```

```
>5.downto(1) { |var| puts var }
5
4
3
2
1
```

C'è poi il metodo **step** che ci permette di impostare l'implementazione con uno specifico step, in questo caso l'intervallo può riguardare sia numeri interi che reali:

```
>0.step(30, 5) { |var| puts var}
0
5
10
15
20
25
30
```

```
>1.0.step(2.0, 0.2) { |var| puts var}
1.0
1.2
1.4
1.6
1.8
2.0
```

Abbiamo finora visto degli iteratori che ci permettono di implementare dei cicli su variabili del tipo stringa, interi e reali; ma cosa accade quando l'oggetto da sottoporre ad iterazione è più complesso come ad esempio un array, range ed hash. Per tali oggetti l'iteratore da utilizzatore è il metodo **each**; in tal caso la chiamata al metodo è seguita da un codice all'interno del blocco, che verrà eseguito una volta per ogni elemento presente nell'array, range, o hash:

```
>array = [5, 10, 20]
>array.each { |var| puts var }
5
10
20
```

Il metodo **map** invece crea un nuovo array con le modifiche apportate dal blocco iterativo:

```
>array = [5, 10, 20]
>array.map { |var| var*2 }
=> [10, 20, 40]
```

Infine c'è il metodo **fill**, che è utilizzato come iteratore per popolare un array creato in precedenza con valori specificati nel blocco:

```
>array = Array.new
>array.fill(0, 3) { |var| var*2 }
=> [0, 2, 4, 6]
```

Capitolo settimo
Classi, metodi, oggetti e moduli

In questo capitolo approfondiremo i concetti alla base della programmazione ad oggetti su cui si fonda il linguaggio di scripting Ruby.

La programmazione ad oggetti

Attraverso la programmazione orientata agli oggetti si è riusciti a realizzare una tecnica di programmazione molto robusta ma allo stesso tempo particolarmente attenta alle esigenze del programmatore. Il suo successo si deve al fatto che il software realizzato con tale tecnica si è dimostrato estremamente longevo, grazie alla sua riusabilità garantita dalla presenza degli oggetti.

L'approccio che si è adottato prevede una metodologia di sviluppo del tipo **top_down**, tipica dei linguaggi di programmazione ad alto livello; attraverso tale metodologia i problemi vengono affrontati riducendone la complessità con una suddivisone in sottoproblemi di complessità minore. Come ricordato dal nome, tale tecnica assume come elemento fondamentale l'oggetto, che dopo essere stato definito, mediante una dettagliata descrizione che ne elenca le caratteristiche, viene creato per il suo utilizzo dopo essere stato opportunamente allocato in memoria. A questo punto il suo utilizzo si renderà particolarmente semplice, in quanto esso si relazionerà in modo automatico agli altri oggetti creati attraverso una metodologia del tutto analoga.

Nel dare una definizione di oggetto possiamo semplicemente riferirci ad una regione di memoria allocata; ma d'altra parte visto che nei linguaggi di programmazione le variabili vengono utilizzate per accedere agli oggetti, allora gli oggetti e le variabili si scambiano naturalmente i ruoli.

C'è da precisare che fin tanto che un'area di memoria non risulta allocata, non sarà possibile parlare di un oggetto. Possiamo dire quindi che un oggetto è un istanza di una classe, in quanto unico (caratterizzato da una propria identità) e separato da altri oggetti, con i quali peraltro può comunicare.

Gli oggetti, possono essere formati da altri oggetti, ognuno dei quali individuato quale singolo componente che a sua volta potrebbe essere costituito da ulteriori oggetti; in questa definizione a cascata è necessario però arrivare alla radice della struttura.

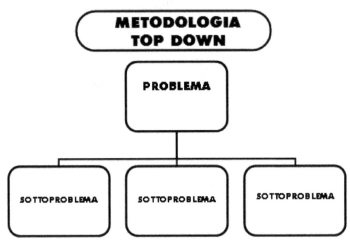

Figura 7.01 – Metodologia Top Down

Per definire un oggetto è necessario individuare:
- I suoi attributi che ne specificano le sue caratteristiche (astrazione dei dati).
- I suoi metodi che ne specificano le azioni che può compiere e/o subire (astrazione funzionale).

In precedenza per definire un oggetto abbiamo parlato di istanza, in realtà un'istanza non rappresenta altro che un particolare oggetto di una determinata classe. Ogni istanza risulta separata dalle altre, ma condivide le sue caratteristiche generali con gli altri oggetti della stessa classe.
Una classe possiamo semplicemente definirla come una categoria di oggetti simili che rispondono agli stessi messaggi e per questo possono essere a buon ragione raggruppati tra loro. Per comprendere meglio tali concetti facciamoci aiutare da un esempio, consideriamo l'oggetto **rosa**:
- tale oggetto appartiene alla categoria **fiori** che ne rappresenta quindi la classe;
- la particolare rosa che ho tra le mani (istanza) è un esemplare di rosa (oggetto) della categoria fiori (classe);
- il numero di petali (variabile d'istanza) della rosa è associato alla particolare rosa (istanza) che ho tra le mani;

- la rosa (oggetto) può sbocciare (metodo) o appassire (altro metodo).

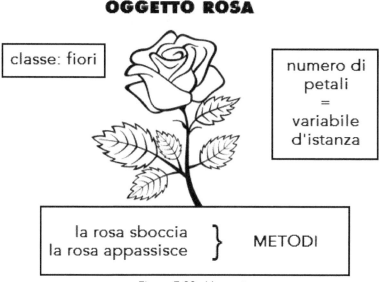

Figura 7.02 –L'oggetto rosa

La programmazione ad oggetti si basa su concetti totalmente nuovi rispetto a quelli su cui si fonda la programmazione strutturata, e per ottenere i benefici garantiti da tale tecnologia è necessario tenere ben presente alcuni principi. Molti programmatori, si avvicinano a tale tecnica attraverso un approccio sbagliato, dovuto ai retaggi acquisiti con la programmazione strutturata che li porta ad associare le classiche procedure e funzioni ai metodi della programmazione orientata agli oggetti; cosicché ad esempio le variabili globali diventano le variabili di classe. Naturalmente, in questo modo non si ottengono grandi benefici anzi si rende lo schema semplice e strutturato della programmazione tradizionale inutilmente complicato dall'astrazione della nuova tecnologia.

È per questo che risulta più semplice imparare a programmare ad oggetti ad un principiante, rispetto ad un programmatore senior formatosi sulla programmazione procedurale. Nella programmazione ad oggetti è necessario abbandonare il concetto di algoritmo basato su azioni indipendenti.
Il nostro obiettivo sarà quello di creare degli oggetti in grado di lavorare insieme e di scambiarsi informazioni cioè messaggi; dovremo allora realizzare un ambiente virtuale in cui elementi di diverso tipo, i cosiddetti oggetti, comunicheranno tra loro richiedendosi reciprocamente servizi e scambiandosi dati.

> ### Programmazione ad oggetti
> #### Vantaggi

> ➤ oggetti dal mondo reale
> ➤ incapsulamento
> ➤ modularità

Figura 7.03 –La programmazione ad oggetti

Abbiamo detto dei particolari benefici che la programmazione ad oggetti garantisce; ma quali sono ed a che sono dovuti?. Tali programmi risultano più semplici da scrivere, da capire e da manutenere. Le ragioni fondamentali sono dovute al fatto che tali programmi:
- sono scritti rifacendosi ai concetti degli oggetti del mondo reale; in questo modo risultano più semplici da capire, di contro risultano più onerosi nella fase di progettazione iniziale;
- prevedono l'incapsulamento cosicché i dettagli dell'implementazione di un oggetto sono nascosti all'utilizzatore dell'oggetto;
- consentono la modularità, di modo che porzioni di programma non dipendono da altre porzioni del programma stesso e potranno così essere riutilizzate in futuri progetti rendendo più semplice la realizzazione dei nuovi lavori.

Fasi di realizzazione di un software

La programmazione ad oggetti come già detto richiede un lavoro inizialmente più difficile, in quanto risulta fondamentale, al fine di ottenere i risultati attesi, identificare gli oggetti ed individuare i messaggi che essi si scambieranno. Per fare tutto ciò è necessario eseguire una serie di operazioni complesse. A tal fine il processo di realizzazione del software si divide in due fasi distinte:

1. Object Oriented Analysis (OOA)
2. Object Oriented Design (OOD).

Nella prima fase, sarà necessario individuare le seguenti informazioni:
- esigenze del programma;
- classi presenti nel programma;
- responsabilità di ciascuna classe.

Nella fase di analisi dovremo preoccuparci di determinare la funzionalità del sistema (analisi delle esigenze), di creare una lista delle classi che sono parte del sistema, di distribuire le funzionalità del sistema attraverso le classi individuate.

Nel fare questo dovremo assicurarci di realizzare classi relativamente piccole e sufficientemente generali da prevedere di poterle usare in futuri progetti; di stabilire responsabilità e controllo in maniera distribuita, in modo da evitare un centro di controllo sull'intero progetto.

Nella seconda fase, sarà necessario individuare le seguenti informazioni:
- stabilire come gestirà la classe le sue responsabilità;
- recuperare le informazioni necessarie alla classe;
- modalità di comunicazione delle classi ;
- modalità di passaggio delle informazioni nel sistema;
- attributi e metodi che ciascuna classe deve avere

Arriveremo così ad analizzare il successo della programmazione ad oggetti, che si fonda su tre concetti principali:
1. ereditarietà;
2. polimorfismo;
3. incapsulamento.

Vediamoli nel dettaglio cercando di esprimere i relativi concetti nel modo più semplice possibile.

Ereditarietà

L'ereditarietà rappresenta la capacità offerta dal linguaggio di derivare (costruire) una nuova classe da una classe già esistente. La classe nuova verrà detta **derivata** mentre quella da cui siamo partiti verrà detta **base**; in questo modo la classe derivata eredita automaticamente le proprietà ed i metodi della classe base.

Definiamo dapprima la classe persona (classe base) che permette di attribuire ad ogni oggetto alcune proprietà quali età, sesso, altezza e peso ed alcuni metodi (azioni) quali mangiare, dormire etc.

Sarà così possibile definire una classe alunni come classe derivata dalla classe base persona, dalla quale eredita gli attributi ed i metodi generici; in seguito si potranno aggiungere attributi più specifici per la classe derivata quali:
- rendimento;
- disciplina.

Mentre potranno essere definiti ulteriori metodi quali:

- leggere;
- scrivere;
- fare calcoli.

La classe derivata oltre ad avere i propri metodi e i propri attributi eredita quelli della classe di base e ciò avviene per tutte le ulteriori sotto-classi.
Quindi possiamo affermare che l'ereditarietà permette di aggiungere proprietà ad una classe, e di modificare il comportamento dei metodi, in modo da adattarli alla nuova struttura della classe.
Inoltre attraverso il suo utilizzo viene ridotta sensibilmente la quantità di codice necessaria al funzionamento di una classe e quindi si rende in questo modo più semplice il lavoro del programmatore.

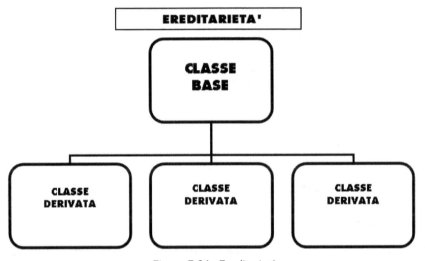

Figura 7.04 –Ereditarietà

L'ereditarietà è rappresentativa di come la programmazione orientata agli oggetti si sviluppi in maniera **top down**, dal concetto più astratto a quello più concreto e di come può essere usata quale meccanismo per gestire l'evoluzione ed il riuso del software: il codice disponibile definisce delle classi, nel momento in cui si rendessero necessarie delle modifiche, verranno definite delle classi derivate che ci permetteranno di adattare la classe esistente alle nuove esigenze.

Polimorfismo

Il polimorfismo rappresenta la capacità che assumono classi differenti di esporre all'esterno interfacce simili o addirittura identiche, questo in quanto letteralmente esso indica la possibilità per uno stesso oggetto di assumere più forme. L'affinità che ne deriva semplifica notevolmente il lavoro ai programmatori, in quanto non sarà più necessario ricordare centinaia di nomi e formati di sintassi diversi e soprattutto perché consentirà di gestire gruppi di classi utilizzando le stesse modalità.

Per comprendere meglio il significato analizziamo un semplice esempio: consideriamo allora un'automobile, le sue caratteristiche variano molto a seconda del modello, ne deriva quindi un comportamento totalmente diverso. Per tutti i modelli il metodo principale per avviarla sarà lo stesso, anche se poi il comportamento del motore sarà diverso a seconda che si tratti di una Cinquecento oppure di una Lamborghini. In entrambi i casi, attraverso tale azione, le automobili si metteranno in moto. Quindi una stessa richiesta (accensione) determinerà un diverso comportamento da parte dell'oggetto automobile, allora polimorfismo significa proprio questo, e cioè che gli oggetti cambiano il loro comportamento pur mantenendo la stessa forma.

Incapsulamento

Con il termine incapsulamento si definisce quella caratteristica degli oggetti di rappresentare l'unico proprietario dei propri dati, nel senso che tutti i dati sono memorizzati in un'area di memoria non accessibile direttamente da altre porzioni di un'applicazione e tutte le operazioni di assegnazione e recupero vengono eseguite tramite metodi e proprietà forniti dall'oggetto stesso.

Si capisce quindi, che lo scopo principale dell'incapsulamento risieda nel fornire accesso ai dati dall'esterno, solo ed esclusivamente mediante i metodi definiti nell'interfaccia. In questo modo l'oggetto può essere visto come una scatola nera, di cui disponiamo delle uniche informazioni, fornite dall'interfaccia, che ci dicono cosa è in grado di fare e quali siano i comandi per eseguire tali operazioni, mentre nulla ci viene detto su come tali azioni vengano praticamente realizzate. Accade così che il funzionamento interno viene nascosto del tutto all'utilizzatore, in modo da proteggere le altre parti del programma, dalle modifiche apportabili in esse nel caso si verificassero dei problemi all'interno della scatola, oppure nel caso si tentasse di modificare i metodi che ci permettono di ottenere quel determinato funzionamento.

Classi

Componente fondamentale della programmazione ad oggetti è la classe che ne rappresenta la struttura fondamentale costituita dalla definizione di nuovi tipi di dati e dalle relazioni che gli consentono di rapportarsi alle altre classi. La classe rappresenta un modello astratto mediante il quale gli oggetti vengono classificati attraverso la definizione di una serie di proprietà che li accomunano.

Elementi caratteristici di tale struttura sono:
- attributi;
- metodi.

Gli attributi detti anche variabili di istanza, descrivono la struttura dati della classe; facciamo un esempio, supponiamo di voler definire la classe persona alla quale è possibile associare i seguenti attributi:
- età;
- sesso;
- altezza;
- peso.

I metodi invece agiscono sugli attributi attraverso una serie di regole preventivamente stabilite, o ciò che è lo stesso rappresentano un'azione che può essere compiuta da un oggetto. Vengono richiamati mediante un'interfaccia, che rappresenta l'unico canale di comunicazione con l'esterno, nel senso che i dettagli del metodo risultano nascosti all'utente, che invece ha a disposizione solo ed esclusivamente gli strumenti messi a sua disposizione dall'interfaccia.

Una volta che tale modello risulta correttamente definito, il singolo oggetto appartenente a quella specifica classe viene creato attraverso una procedura di instanziamento che prevede l'allocazione in memoria dello spazio necessario.

Contestualmente verranno inizializzati gli attributi della classe e caricati i metodi ad essa correlati; da questo momento in poi l'oggetto appartenente a quella categoria identificata dalla classe assume tutte le sue caratteristiche e può essere utilizzato all'interno della struttura chiamante.

Gli oggetti appartenenti ad una stessa classe, assumono proprietà comuni pur rappresentando variabili distinte immagazzinate in locazioni di memoria differenti e quindi del tutto indipendenti.

In questo modo, oggetti con attributi inizializzati in maniera identica continuano ad esistere in qualità di elementi distinti, così come due variabili identificate da nomi differenti, restano distinte anche se caratterizzate dallo stesso valore.

Accade così che, richiamando l'esempio introdotto in precedenza, la classe persona permetta di attribuire ad ogni oggetto alcune proprietà quali età, sesso, altezza e peso. Una volta definito e istanziato un oggetto persona, ad esempio Giuseppe, può essere caratterizzato dai valori assunti dai suoi attributi, ma può compiere anche delle azioni attraverso i metodi che saranno stati associati alla classe. Tali azioni potranno essere del tipo: parlare, mangiare, dormire, camminare, etc.

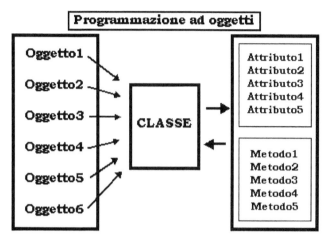

Figura 7.05 – Architettura della Programmazione ad oggetti

Abbiamo già definito la classe come un modello astratto, mediante il quale gli oggetti vengono classificati attraverso la definizione di una serie di proprietà che li accomunano; possiamo quindi dire in parole povere che una classe rappresenta un insieme di oggetti simili, caratterizzati da una serie di proprietà che consente loro di essere raggruppati.

La sintassi Ruby prevede che una classe venga definita attraverso la parola chiave **class** che precede il nome della classe, che deve necessariamente avere l'iniziale in maiuscolo e deve essere terminata dal termine **end**.

Vediamone allora un semplice esempio:

```
class Persona
end
```

si tratta di una classe che almeno per adesso non esegue alcuna operazione.

Passiamo allora a definire i componenti fondamentali di una classe di quegli elementi cioè che ne fanno parte integrante e permettono ad essa di eseguire operazioni e di compiere azioni.

Metodi

Abbiamo già dato una definizione sommaria di metodo, infatti in precedenza si è detto che i metodi rappresentano un'azione che può essere compiuta da un oggetto; vediamo ora di approfondire il concetto. Nella programmazione orientata agli oggetti, questi ultimi vengono comandati dall'esterno in maniera indiretta, nel senso che le modalità con le quali le azioni che sono in grado di eseguire vengono espletate, non risultano accessibili dall'esterno; basterà allora inviare un messaggio all'oggetto, il quale sarà in grado, in maniera del tutto autonoma, di eseguire quella determinata azione.

Se in un primo momento tutto questo può sembrare limitativo per il programmatore, in realtà rappresenta una delle grandi comodità offerte da questa tecnica di programmazione; questo perché in questo modo, non ci dobbiamo preoccupare assolutamente di come il metodo riesca ad ottenere determinati risultati, il nostro compito si limiterà solo ed esclusivamente ad inviare, in maniera corretta, i necessari messaggi all'oggetto in questione.

Tali messaggi, in ultima analisi, rappresentano i metodi caratteristici di un oggetto, e in questo paragrafo cercheremo di descriverne le modalità di definizione e di utilizzo.

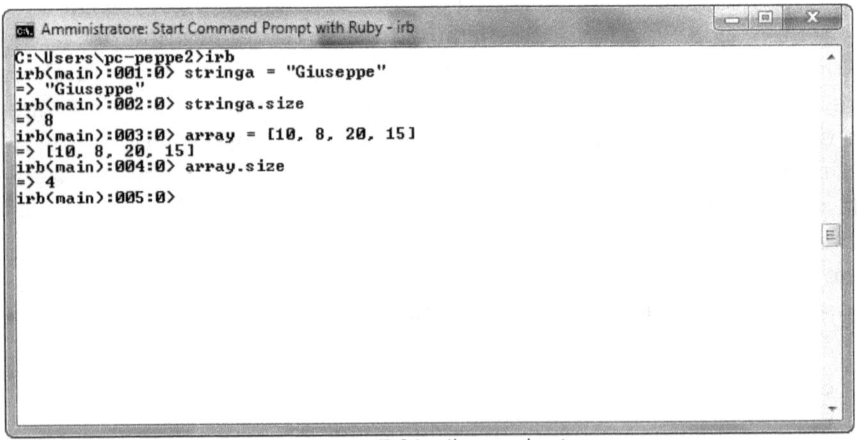
Amministratore: Start Command Prompt with Ruby - irb
C:\Users\pc-peppe2>irb
irb(main):001:0> stringa = "Giuseppe"
=> "Giuseppe"
irb(main):002:0> stringa.size
=> 8
irb(main):003:0> array = [10, 8, 20, 15]
=> [10, 8, 20, 15]
irb(main):004:0> array.size
=> 4
irb(main):005:0>

Figura 7.06 – Il metodo size

Nel linguaggio di scripting Ruby, i metodi di un oggetto vengono invocati attraverso la notazione puntata, nel senso che il nome del metodo seguirà quello della classe a cui si riferisce separato da un punto (**classe.metodo**). Ad esempio per ricavare la lunghezza di una stringa potremo utilizzare la seguente notazione:

```
> stringa = "Giuseppe"
=> "Giuseppe"
> stringa.size
=> 8
```

Attraverso le istruzioni appena impartite abbiamo invocato il metodo **size** dell'oggetto stringa, che ha eseguito su tale oggetto l'azione di contare il numero di caratteri di cui è costituita la stringa. Come è possibile verificare, ci siamo dovuti preoccupare solo di inviare il corretto messaggio all'oggetto senza interessarci di come esso riesca ad eseguire l'azione.

Lo stesso metodo potrà essere invocato per diversi oggetti, provocando dei comportamenti leggermente differenti a seconda della sua tipologia, ma comunque le risposte al messaggio avverranno in tempo reale. Questo in quanto ogni oggetto in Ruby conserva la coscienza di se stesso, cioè in ogni momento è in grado di stabilire quali operazioni può eseguire e quali sono le modalità di applicazione di una particolare azione (polimorfismo). Applichiamo allora il metodo **size** ad un oggetto del tipo array:

```
>array = [10, 8, 20, 15]
>puts array.size
=> 4
```

ottenendo in questo caso il numero di elementi contenuti nell'array. Nell'ipotesi in cui venga inviato un messaggio che l'oggetto ritiene incomprensibile, Ruby risponde sollevando un errore. Ad esempio cerchiamo di applicare il metodo **lenght** (che restituisce la lunghezza di una stringa) ad un oggetto del tipo Fixnum, cioè ad un numero intero:

```
> num = 100
=> 100
> num.lenght
NoMethodError: undefined method `lenght' for 100:Fixnum
        from (irb):3
```

Risulta allora indispensabile conoscere i metodi previsti da un oggetto, mentre come già detto non è necessario sapere quali siano le modalità attraverso le quali l'oggetto esegue la determinata azione.

Dopo aver introdotto il concetto di metodo vediamo ora come risulta possibile definire un nuovo metodo; abbiamo già detto che il nome di un metodo deve iniziare con una lettera minuscola, e può contenere lettere, numeri ed il carattere undescore. Se occorre utilizzare due parole per nominare il metodo, allora sarà necessario fare uso del caratte-re undescore come separatore. Per la sua definizione utilizzeremo la parola chiave **def**; come già visto per le classi anche per i metodi la di-chiarazione viene terminata dalla parola chiave **end**. Vediamo un primo esempio di definizione di un metodo:

```
def primo_metodo
    puts "questo è il nostro primo metodo"
end
```

Il metodo appena definito semplicemente stampa a video il messag-gio: "questo è il nostro primo metodo". Un metodo può prevedere dei parametri (argomenti), che vengono racchiusi tra parentesi:

```
oggetto.primo_metodo(par1, par2)
```

I parametri rappresentano una lista di nomi di variabili locali, che ci permettono di passare al metodo degli argomenti che lo stesso utiliz-zerà nel suo costrutto; l'uso delle parentesi risulta opzionale ma nel ca-so fossero omesse potrebbero risultarne dei messaggi di avvertimento durante la chiamata al metodo. Nel caso i valori dei parametri non fos-sero inseriti nella chiamata al metodo, il Ruby prevede la possibilità di indicare dei valori di default attraverso l'utilizzo degli operatori di asse-gnazione.

```
def primo_metodo(par1=2)
    puts "Il nostro primo metodo" * par1
end

primo_metodo

primo_metodo(3)
```

Nell'esempio appena considerato, dopo aver definito un nuovo meto-do ed aver previsto un parametro con valore di default, lo stesso è sta-to invocato una prima volta senza passare il parametro, mentre nella seconda chiamata si è fatto uso del parametro, specificandone un valo-re diverso da quello fornito di default. Il risultato è riportato di seguito:

```
Il nostro primo metodoIl nostro primo metodo
Il nostro primo metodoIl nostro primo metodoIl nostro primo metodo
```

Allora quando il parametro è omesso viene utilizzato il suo valore di default (cioè 2) ed infatti la stringa è stampata a video per due volte;

nel secondo caso avendo passato un parametro (con valore 3), la stringa è questa volta stampata per ben tre volte.

I metodi restituiscono valori di ritorno: in altri linguaggi per fare questo è necessario utilizzare in modo esplicito un'istruzione return. In Ruby invece, il valore dell'ultima espressione valutata viene restituito in modo automatico, con o senza un return esplicito. Nel caso fosse necessario è comunque possibile definire un valore di ritorno in modo esplicito con l'impiego della parola chiave **return**, ad esempio nel caso si volessero restituire più valori:

```
def primo_metodo
    return "Il nostro primo metodo"
end
```

In questo caso, è opportuno precisare, che l'istruzione **return** forza l'uscita dal metodo, e quindi ogni ulteriore istruzione presente dopo tale istruzione verrà ignorata dall'interprete.

Esistono due metodi predefiniti (**initialize** e **main**) che assumono un particolare significato, basti pensare che deve sempre essere presente almeno uno di questi due metodi all'interno di una classe.

Il metodo **initialize** viene invocato nel momento in cui si istanzia un nuovo oggetto, tale metodo è quello che nella programmazione ad oggetti viene definito un costruttore e viene chiamato ogni volta che si crea un nuovo oggetto.

Il metodo **main** invece è necessario per quegli oggetti che non sono semplicemente utilizzati all'interno di una classe, ma ne rappresentano il vero e proprio programma in funzione.

Come già detto, i metodi in Ruby ammettono un valore di ritorno, a differenza di altri linguaggi di programmazione che invece richiedono un esplicito statement per prevedere un valore di ritorno dalla chiamata al metodo. Allora se definiamo il seguente metodo:

```
def ritorno
    "Valore di ritorno del metodo"
end
```

La stringa di testo indicata dal metodo sarà disponibile e potrà essere utilizzata dai comandi successivi, possiamo allora dire che Ruby contiene un return implicito.

Abbiamo già visto come in Ruby debbano essere scelti i nomi dei moduli; vogliamo ora precisare alcune semplici regole che vengono adottate per la parte finale del nome del metodo. Nel senso che in funzione dell'ultimo carattere che il nome del metodo presenta si potranno individuare particolari azioni che lo stesso sarà in grado di eseguire.

DEFINIZIONE DI UN METODO

Figura 7.07 – Definizione di un metodo

Ad esempio se il nome del metodo termina con un punto interrogativo, allora avremo indicato che esso restituisce, come valore di ritorno, un valore booleano (true o false). Vediamo il caso del metodo **include** applicato ad un vettore già analizzato nei capitoli precedenti:

```
> num=[1,2,3,4,5,6,7,8,9]
=> [1, 2, 3, 4, 5, 6, 7, 8, 9]
> num.include?(4)
=>true
```

Mentre se termina con un punto esclamativo avremo specificato che si tratta di un metodo distruttivo; vediamo allora la differenza tra il metodo **delete** (che elimina dei caratteri solo nell'esposizione a video lasciando invariata la stringa originale) ed il metodo **delete!** (che invece risulta distruttivo):

```
> st='Giuseppe'
=> "Giuseppe"

> st.delete('e')
=> "Giuspp"

> st
=> "Giuseppe"

> st.delete!('e')
=> "Giuspp"
> st
=> "Giuspp"
```

Per i metodi è possibile inoltre definire degli alias che si riferiscono ad una stessa posizione di memoria associandola a nomi simbolici diversi all'interno di un programma.

L'alias rappresenta, a tutti gli effetti, una copia del metodo con un nuovo nome, anche se entrambe le chiamate al metodo punteranno allo stesso oggetto. Il seguente costrutto illustra come creare un alias per il metodo d'esempio, già utilizzato in precedenza:

```
def primo_metodo
    puts "questo è il nostro primo metodo"
end
```

definiamo allora l'alias e poi richiamiamo il metodo attraverso l'alias:

```
>alias primo primo_metodo
> primo
questo rappresenta il nostro primo metodo
```

Gli oggetti

Un oggetto può essere definito in diversi modi, possiamo certamente dire che rappresenta una istanza di una classe, così come lo possiamo individuare attraverso la regione di memoria che risulta allocata e quindi associata ad esso.
Dal momento che i linguaggi di programmazione utilizzano variabili per accedere agli oggetti, i termini oggetto e variabile sono spesso usati in alternativa; quando si crea una variabile di una classe, essa si chiama oggetto. In definitiva possiamo affermare che la classe serve per definire come sarà fatto un oggetto, mentre l'oggetto è la realizzazione fisica della classe.

Le parole **classe** e **oggetto** vengono utilizzate così spesso nella programmazione a oggetti che è facile confondere i termini. In generale una classe è una rappresentazione astratta di qualcosa, mentre un oggetto è un esempio utilizzabile della cosa rappresentata dalla classe.
Gli oggetti sono collezioni di dati e di funzioni che operano su di essi. Le due cose sono inglobate in modo che qualunque parte di un programma che utilizza un oggetto ha accesso non solo agli attributi dei dati, ma anche a tutte le operazioni disponibili.

Facciamo allora un esempio di oggetto appartenente alla classe animali denominandolo gatto, allora l'oggetto gatto potrà avere come proprietà il numero di zampe, la tipologia del pelo, il colore, mentre i suoi metodi potrebbero essere mangia, miagola, fa le fusa.

Molti linguaggi forniscono un supporto per l'inizializzazione automatica di un oggetto, con uno o più speciali metodi detti costruttori. Analogamente, la fine della vita di un oggetto può essere gestita con un metodo detto distruttore.

Per creare un oggetto potremo utilizzare un costruttore rappresentato dal metodo **new**, allora basterà definire il nome dell'oggetto quindi indicare il nome identificativo della classe, seguito dal termine .**new**:

```
nome_oggetto = nome_classe.new
```

In questo modo avremo istanziato un nuovo oggetto; quando viene creato un oggetto all'interno di una classe, questo attiva automaticamente il suo metodo **initialize** così da permettere di inserire istruzioni che verranno eseguite automaticamente alla creazione dell'istanza. Per comprendere meglio quanto fin qui detto, definiamo inizialmente una nuova classe passando poi a rappresentare degli oggetti secondo la sintassi Ruby. Definiamo allora la nuova classe automobile:

```
class Automobile
    def initialize
        puts "Sono una nuova automobile"
    end
end
```

dopo aver definito la classe passiamo ad istanziare un oggetto appartenente a quella classe:

```
auto = automobile.new
```

Descriviamo in dettaglio le operazioni appena effettuate: dapprima abbiamo creato la classe con l'utilizzo della parola chiave **class** seguita dal nome della classe e terminando il blocco di codice con la parola chiave **end**.

Dopodichè abbiamo creato il metodo **initialize** che viene richiamato quando si istanzia un nuovo oggetto attraverso il metodo **new**. Il metodo **initialize**, come già anticipato in precedenza, rappresenta un costruttore che viene invocato ogni volta che si crea un nuovo oggetto.

Tale metodo è definito dalle parole chiave **def**, seguita dal nome, e termina con la parola chiave **end**. In questo caso il costruttore non fa altro che dare notizia dell'avvenuta creazione dell'oggetto stampando a video una stringa utilizzando la funzione puts (put string).

Per rendere l'esempio più articolato, al fine di analizzare come si passano i parametri ad un metodo, modifichiamo la classe appena creata aggiungendo alcuni parametri caratteristici. Ad esempio se vogliamo indicare quanti cavalli e quale sia la velocità massima dell'automobile, al momento della creazione, dovremo aggiungere:

```
class Automobile
    def initialize (cavalli, velocita)
        @ cavalli = cavalli
        @ velocita = velocita
    end
end
```

Come già precisato in precedenza, **@ cavalli** e **@ velocita** rappresentano delle variabili d'istanza e sono visibili da tutti i metodi della classe. Dopo aver fatto passare i parametri relativi cavalli e velocità, al momento della creazione dei nuovi oggetti, basterà scrivere:

```
ferrari = Automobile.new(500,315)
punto = Automobile.new(75,180)
```

Allora **@cavalli** e **@velocita** sono detti attributi e permettono di aggiungere caratteristiche alla classe e ne definiscono la visibilità all'esterno. Per poter accedere, in lettura, a tali campi occorre creare dei metodi accessori del tipo:

```
class Automobile
    def cavalli
        @ cavalli
    end
    def velocita
        @ velocita
    end
end
```

dopo aver creato i metodi accessori sarà possibile ricavare i valori assunti dai parametri nel modo seguente:

```
>puts ferrari.cavalli
=> 500
> puts ferrari.velocita
=> 315
```

Per poter accedere agli attributi anche in scrittura occorre definire anche in questo caso un apposito metodo:

```
class Automobile
    def cavalli=(cavalli)
        @ cavalli=cavalli
    end
    def velocita=(velocita)
        @ velocita=velocita
    end
end
```

Fatto questo sarà possibile impostare i valori degli attributi scrivendo:

```
> ferrari.cavalli =550
=> 550
> puts ferrari.cavalli
=> 550
```

I Moduli

Un modulo è un insieme di classi, metodi e costanti, si tratta quindi di un contenitore di oggetti. I moduli offrono due importanti vantaggi:
1. forniscono uno spazio dei nomi in modo da prevenire conflitti di nomi.
2. implementano la struttura mixin, utilizzando all'interno di classi, codice definito in altrettanti moduli.

I moduli definiscono quindi uno spazio dei nomi, in cui i nostri metodi e costanti possono lavorare senza doversi preoccupare di eventuali conflitti con altri metodi e costanti.
La definizione di un modulo è del tutto simile a quella di una classe:

```
module Primo_modulo
    #definizioni
end
```

precisando però che i moduli non possono avere delle istanze non essendo delle classi. I nomi dei moduli seguono le stesse regole di quelli già definiti per le classi: possono contenere lettere, numeri e il carattere di underscore, e devono iniziare con una lettera in maiuscolo.
Possiamo allora utilizzare i moduli per raggruppare classi, metodi e costanti che manifestano una qualche relazione tra loro, fino ad inserire in essi altri moduli. Quando il modulo è utilizzato in questo modo, viene

detto spazio dei nomi (namespace). Un namespace è semplicemente la definizione di un set di funzionalità all'interno di un unico contenitore.

Si potrebbe creare un modulo spazio dei nomi in situazioni in cui si desidera fornire funzionalità che possano essere utilizzate senza creare oggetti. Ad esempio, potremmo definire il modulo **Abbreviazioni** in cui si definisce un solo metodo, chiamato **abbrev**, che restituisce una lista di possibili abbreviazioni per un insieme di parole.

Figura 7.08 – Moduli

Quindi il modulo, in questo caso, assume una sola caratteristica, non richiedendo istanze e quindi non richiedendo la definizione di una classe. Naturalmente, è possibile definire metodi, variabili e costanti anche al di fuori di una qualsiasi classe o modulo, ma quando lo si fa, si corre il rischio di sostituire metodi, variabili, e costanti già esistenti o che le stesse vengano sovrascritte attraverso l'impiego di un codice scritto successivamente.

Quando si utilizza uno spazio dei nomi, i metodi, le variabili, e le costanti vengono incapsulati in modo che essi abbiano meno probabilità di entrare in conflitto con altre definizioni già esistenti.

I metodi all'interno di un modulo del tipo namespace sono definiti allo stesso modo dei metodi di classe, avendo il nome che inizia con self. o con il nome del modulo:

```
module Nome_modulo
  def self.nome_metodo1
    # definizione del metodo
  end
  def Nome_modulo. nome_metodo2
    # definizione del metodo
  end
end
```

All'interno dei moduli, le variabili e le costanti si definiscono nel modo seguente:

```
module Nome_modulo
@@var = valore
NOME_COSTANTE = valore
end
```

Capitolo ottavo
Operazioni di ingresso/uscita

Nei capitoli precedenti, abbiamo visto come leggere e scrivere dei dati utilizzando le unità di default adottate da Ruby, che sono per le operazioni di lettura la tastiera, mentre per le operazioni di scrittura il monitor. In questo capitolo invece tratteremo le procedure attraverso le quali le operazioni di ingresso/uscita vengono indirizzate su file e directory.

Organizzazione dei dati in record

Nei programmi complessi, che trattano un numero di dati significativi, le operazioni di ingresso/uscita, raramente fanno uso delle unità di default (tastiera e monitor), questo perchè i dati processati devono essere immagazzinati in file esterni, al fine di una successiva analisi, che viene eseguita attraverso software per la visualizzazione dei dati, oppure perché gli stessi dovranno essere nuovamente sottoposti ad elaborazione. Per fare questo è necessario conoscere, in modo preciso, quali sono le istruzioni che ci permettono di indirizzare le operazioni verso una specifica unità, e successivamente come gestire le complesse azioni di sistemazione dei dati.

In un file i dati vengono organizzati in record, che possono essere considerati come delle linee; esistono due tipi di record:
- record che contengono i dati
- record di fine file (end-of-file).

Un record contenente dati può essere schematizzato come un sequenza di celle, ognuna delle quali contiene un valore; tale valore può essere immagazzinato nel record direttamente, attraverso l'utilizzo della tastiera oppure attraverso un'operazione di conversione eseguita sui dati elaborati da un programma.

Il record di fine file, invece, non contiene valori ne tantomeno è dotato di lunghezza; all'interno di un file è previsto al massimo un record di tale tipo che è posizionato alla fine del file. Esso può essere scritto esplicitamente, per i file collegati ad accesso sequenziale, mentre può essere scritto implicitamente attraverso uno statement di posizione con la chiusura del file, oppure attraverso il normale termine del programma. I record contenuti in un file devono essere tutti formattati oppure tutti non formattati ad esclusione del record di fine file che come sappiamo è posizionato alla fine del file.

Un record formattato è caratterizzato da una sequenza di caratteri ascii, selezionati tra quelli rappresentabili dal processore che si sta utilizzando, e quindi costituito dal set di caratteri ammesso dal Ruby in aggiunta ai caratteri speciali. La sua lunghezza è espressa dal numero di caratteri in esso contenuti, ed è variabile in funzione dell'unità di ingresso/uscita.

Un record non formattato rappresenta invece una sequenza di valori che vengono rappresentati nel record esterno come una semplice copia della memoria dello specifico elaboratore. Così come per il record formattato anche per il record non formattato la lunghezza, può variare entro un certo limite dipendente dal processore; tale regola prevede un'eccezione nel caso di record ad accesso sequenziale, per i quali non sia stata specificata la lunghezza del record. Tali record possono assumere lunghezza illimitata.

I record appena analizzati, tutti dello stesso tipo, sono raggruppati in sequenza a formare un file; tali files possono essere creati anche all'esterno di Ruby, ad esempio si può creare e modificare un file di testo attraverso un normale text editor. Il file così creato può essere utilizzato da un programma Ruby al fine di leggere e trattare le informazioni ivi contenute.
La lunghezza del nome di un file così come i caratteri utilizzati per la sua costruzione sono caratteristiche dipendenti dalla piattaforma utilizzata.

Durante le operazioni che un programma effettua su un file, su quest'ultimo viene assunta una posizione; l'esecuzione del programma determina la lettura o la scrittura di record appartenenti al file in modo che tale posizione vari. Questo però non rappresenta l'unico modo per modificare la proprietà posizione caratteristica del file, infatti vi sono delle istruzioni che ne determinano una variazione.

Il punto iniziale di un file è il punto immediatamente prima del primo record, il punto terminale è il punto immediatamente dopo l'ultimo record. Se il file è vuoto, il punto iniziale ed il punto terminale coincidono. Una posizione di un file può diventare indeterminata, quando ad esempio si verifica una condizione di errore; in questo caso il programmatore non può sistemare il file in una determinata posizione.

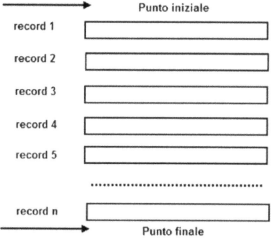

Figura 8.1 – *Punto iniziale e finale di un file*

Metodi di accesso ai files

È possibile accedere ai record di un file attraverso due metodi:
- accesso sequenziale;
- accesso diretto.

Per alcuni file è possibile adottare entrambi i metodi di accesso, per altri invece potremo utilizzare solo uno dei due metodi elencati; riferendoci ad esempio alle unità di backup storiche, un nastro magnetico può essere consultato solo ed esclusivamente attraverso l'accesso sequenziale. Al contrario dopo aver eseguito una corretta operazione di connessione ad un file, quest'ultimo potrà essere consultato attraverso sia l'accesso sequenziale che l'accesso diretto. Tuttavia, si deve evitare di commettere l'errore di collegare un file simultaneamente attraverso entrambi i metodi di accesso; allora se si desidera cambiare la modalità di accesso al file sarà necessario preventivamente scollegarlo, e solo dopo averlo riconnesso modificare il metodo.
Il metodo di accesso corrente ad un file, utilizzato nelle operazioni di lettura/scrittura, non rappresenta una sua proprietà intrinseca, ma viene indicato esplicitamente nella relativa operazione di collegamento oppure nella fase di creazione dello stesso. Cosi che, per un file può essere utilizzato l'accesso sequenziale da un programma, dopodichè in seguito alla operazione di disconnessione, potrà essere contattato at-

traverso l'accesso diretto dallo stesso programma, nel caso in cui per il file siano previsti entrambi gli accessi.

Vediamo ora nel dettaglio i metodi di accesso appena elencati. L'accesso sequenziale prevede che il file inizi con il primo record e quindi proceda in sequenza con il secondo record, e poi con il successivo. I record sono quindi accessibili in sequenza così come appaiono nel file, e non è possibile passare ad un determinato record senza aver prima proceduto alla lettura di tutti i record precedenti in ordine sequenziale.
Quando si eseguono delle operazioni di lettura/scrittura su file, utilizzando tale metodo di accesso, i record sono letti e scritti in modo sequenziale; mentre se un file è stato scritto con accesso diretto ed in seguito viene letto con accesso sequenziale, la lettura inizierà dal primo record del file indipendentemente dal momento in cui esso è stato scritto.
Quando invece per un file è adottato il metodo di accesso diretto, i record sono identificati da un numero, in modo tale che possano essere scritti e letti in qualsiasi ordine. Sarà allora possibile scrivere per primo il record numero 10 e dopo il record numero 7; attraverso tale metodo, per accedere ad uno qualsiasi dei record appartenenti al file, non sarà necessario quindi contattare preventivamente gli altri record, cosa invece necessaria nell'accesso sequenziale.
Come già detto per un file possono essere utilizzati ambedue i metodi di accesso, anche se non contemporaneamente; tuttavia l'accesso diretto in lettura è limitato ai record che sono stati già scritti, mentre l'accesso diretto in scrittura è limitato ai file connessi attraverso accesso diretto. Se un file contiene il record di fine file ed è connesso con accesso diretto, tale record non è considerato quale parte del file. Mentre se per il file considerato, non è previsto l'accesso sequenziale, in esso non deve essere presente il record di fine file.

Directory e files

Manipolare directory e file in Ruby risulta estremamente facile, è solo necessario acquisire preventivamente alcuni termini di base e delle semplici procedure da adottare. La maggior parte delle funzionalità per lavorare con le directory ed i file, sono definite all'interno delle classi **Dir** e **File**. Tali classi possono essere utilizzate per la creazione di un oggetto, che fa riferimento a una directory o un file, oppure per usufruire dei metodi che la classe offre in modo diretto.
In generale, se dobbiamo eseguire una singola operazione con un file o una directory, sarà più opportuno invocare i metodi della classe sen-

za creare un oggetto. Se invece sarà necessario fare riferimento a un file o una directory in modo sistematico, allora ci converrà creare un oggetto nel modo seguente:

```
file = File.new('nomefile')
dir = Dir.new('nomedir')
```

Com'è noto i files residenti all'interno di un file system vengono individuati attraverso un percorso (pathname), che contiene in forma esplicita informazioni sulla posizione del file all'interno del sistema. Il concetto di percorso si basa sulla struttura gerarchica (ad albero) del file system; il pathname elenca al proprio interno i diversi nodi che occorre visitare per arrivare al file in questione partendo dalla radice del file system.
Ci sono due modi per riferirsi ad una specifica risorsa su un computer:
1. Percorso assoluto
2. Percorso relativo

Il percorso assoluto specifica la posizione di un file dalla radice del file-system. Il percorso relativo invece descrive la posizione di un file a partire da un'altra posizione dell'albero dei file, detta cartella o directory corrente; in questo caso, il percorso non inizia con il nome della radice. Vediamo allora due esempi di percorsi nel file system di Windows:
- C:\Ruby193\nomefile.rb (percorso assoluto)
- nomefile.rb (percorso relativo alla directory corrente)

Ricordiamo a tal proposito che i diversi sistemi operativi adottano convenzioni diverse per specificare il livello successivo nel file system: Windows si riferisce ad esso con il carattere backslash (\), mentre Mac OS e Linux lo fanno con il carattere forward slash (/).

Nella gestione delle directory, avremo un sostanziale aiuto da una serie di metodi, che ci rendono le comuni operazioni davvero semplificate: è il caso dei metodi **pwd** e **chdir**. Il metodo **pwd** ci permette di stampare il percorso assoluto della directory corrente, mentre **chdir** ci consente di cambiare la directory corrente. Vediamone subito l'utilizzo in ambiente irb:

```
>Dir.pwd
=>"C:/Ruby193/esempi"
>Dir.chdir('../')
>Dir.pwd
=>"C:/Ruby193"
```

Nel primo caso abbiamo stampato a video il percorso assoluto della directory corrente, nel secondo caso abbiamo cambiato la directory corrente salendo di un livello nel file system del computer.

Per avere un elenco dei file e directory contenuti in una specifica posizione del file system, avremo a disposizione i metodi **entries** or **foreach**. Il metodo **entries** ci fornisce un array contenente tutti gli elementi trovati in quella directory:

```
> Dir.entries('C:/Ruby193/esempi')
=> [".", "..", "mese.rb", "moto.rb", "primoarray.rb", "quadrato.rb",
"radice2.rb ", "radici.rb", "ragazzi.rb", "tab9.rb", "telefono.rb",
"uscita.rb"]
```

In questo esempio abbiamo letto il contenuto della cartella esempi, fornendo il suo percorso assoluto, ottenendo in questo modo un array in cui ogni elemento è rappresentato da una stringa che contiene il nome del file con relativa estensione.

Il metodo **foreach** rappresenta un iteratore che inserito in un blocco ci permette di ottenere la lista dei file e directory contenuti in una specifica posizione:

```
>Dir.foreach('C:/Ruby193/esempi') { |item| puts item }
.
..
mese.rb
moto.rb
primoarray.rb
quadrato.rb
radice2.rb
radici.rb
ragazzi.rb
tab9.rb
telefono.rb
uscita.rb
=> nil
```

Un altro modo di recuperare una lista di elementi presenti in una directory ci è fornita dal metodo [] della classe Dir. Tale metodo ci consente di cercare degli oggetti che corrispondono ad uno specifico pattern. Nella costruzione del pattern di ricerca potremo utilizzare il carattere jolly *, che corrisponde a qualsiasi carattere o al numero dei caratteri, il carattere ? che corrisponde a un singolo carattere, e i caratteri ** che corrispondono a qualsiasi numero di directory. Vediamo come utilizzare tale metodo nell'esempio che segue:

```
> lista=Dir['C:/Ruby193/esempi/*']
=>          ["C:/Ruby193/esempi/mese.rb",        "C:/Ruby193/esempi/moto.rb",
"C:/Ruby193/esempi/primoarray.rb",              "C:/Ruby193/esempi/quadrato.rb",
C:/Ruby193/esempi/radice2.rb","C:/Ruby193/esempi/radici.rb",
    "C:/Ruby193/esempi/ragazzi.rb",             "C:/Ruby193/esempi/tab9.rb",
"C:/Ruby193/esempi/telefono.rb", "C:/Ruby193/esempi/uscita.rb"]
```

Abbiamo così ottenuto un array che contiene il percorso assoluto di tutti i file presenti nella directory C:/Ruby193/esempi/. Per cercare solo quelli che iniziano con la m, scriviamo:

```
> lista=Dir['C:/Ruby193/esempi/m*']
=> ["C:/Ruby193/esempi/mese.rb", "C:/Ruby193/esempi/moto.rb"]
```

Il metodo **glob**, infine, esegue un compito analogo a quello appena visto, solo che ci permette di inserire un blocco al posto di un array:

```
> lista=Dir.glob('C:/Ruby193/esempi/m*') { |item| puts item }
C:/Ruby193/esempi/mese.rb
C:/Ruby193/esempi/moto.rb
=> nil
```

Proprietà di file e directory

Per recuperare informazioni sulle proprietà possedute da file e directory, Ruby offre diversi metodi che ci consentono di ricevere, in formato booleano, la risposta ad una specifica richiesta. Anche se si tratta di metodi della classe File possono essere applicati anche alle directory; i metodi **file** e **directory** ci consentono ad esempio di verificare se lo specifico file o directory esiste:

```
> File.directory?('C:/Ruby193/esempi')
=> true
> File.file?('C:/Ruby193/esempi/moto.rb')
=> true
```

Per recuperare invece informazioni sull'ultima modifica e sull'ultimo accesso di un file o di una directory utilizzeremo i metodi **mtime** e **atime**:

```
> File.mtime('C:/Ruby193/esempi/moto.rb')
=> 2014-10-24 09:19:45 +0200
> File.atime('C:/Ruby193/esempi/moto.rb')
=> 2014-10-24 09:15:28 +0200
```

Il metodo **zero** ci permette di verificare se il file o la directory è vuota:

```
> File.zero?('C:/Ruby193/esempi/moto.rb')
=> false
```

Il metodo **size** ci restituisce le dimensioni del file o della directory:

```
> File.size('C:/Ruby193/esempi/moto.rb')
=> 272
```

Il metodo **ftype** ci restituisce informazioni sul tipo della risorsa che corrisponde a quello specifico percorso:

```
> File.ftype('C:/Ruby193/esempi/moto.rb')
=> "file"
```

Il metodo **stat** ci restituisce infine tutte le informazioni relative ad un file o ad una directory:

```
> File.stat('C:/Ruby193/esempi/moto.rb')
=> #<File::Stat  dev=0x2,  ino=0,  mode=0100644,  nlink=1,  uid=0,  gid=0,
rdev=0x2, size=272, blksize=nil, blocks=nil, atime=2014-10-24 09:15:28 +0200,
mtime=2014-10-24 09:19:45 +0200, ctime=2014-10-24 09:15:28 +0200>
```

Permessi su file e directory

Il meccanismo dei permessi consente di gestire l'accesso a file e directory, del file system del computer da parte dei vari utenti. Tutti i sistemi operativi possiedono un proprio meccanismo tradizionale di permessi memorizzati nel file system, tipicamente assegnato e modificato da un amministratore di sistema.
Attraverso i permessi è possibile stabilire chi può fare cosa, su qualsiasi risorsa presente sul computer. Per i file, si tratta di una questione di chi può leggere, scrivere, o eseguirli; per le directory, invece, si tratta di stabilire chi può visualizzare il loro contenuto, chi può scrivere o alterare il loro contenuto, ed infine chi può effettuare delle ricerche.

Nei sistemi operativi Unix, Linux, e Mac OS X che hanno una gestione dei permessi più definita e coerente, per definire un permesso si utilizza un numero ottale (base 8), con quattro cifre di cui la prima è sempre lo 0. La seconda cifra indica le autorizzazioni per il proprietario della risorsa; la terza cifra rappresenta le autorizzazioni per il gruppo di utenti; la quarta rappresenta le autorizzazioni per tutti gli altri.

Figura 8.2 – Codice per l'impostazione dei permessi

I valori dalla seconda alla quarta cifra, hanno il seguente significato:
- Il numero 4 rappresenta il permesso di leggere;
- il numero 2 rappresenta il permesso di scrivere;
- il numero 1 rappresenta il permesso di esecuzione (per i file) o la ricerca (per le directory).

Questi tre numeri possono essere sommati per creare valori da 0 (nessuna autorizzazioni è stata concessa), a 7 (tutto è permesso). Per esempio il codice seguente:

0744

ci indica che il proprietario può fare qualsiasi cosa con quel file o directory, ma i membri del gruppo e tutti gli altri possono solo leggerlo. Mentre il numero

0666

indica che chiunque può leggere o scrivere su tale risorsa, ma nessuno può eseguire o cercare.

Per impostare i permessi di un file o di una directory in ambiente Ruby è possibile utilizzare il metodo **chmod** della classe **File**. La sintassi del metodo è la seguente:

```
File.chmod(valore, 'percorso/nomefile')
```

dove **valore** rappresenta il codice di quattro cifre appena visto.
Impostiamo i permessi per un file di prova, che avremo chiamato per-messi.txt, utilizzando il metodo chmod:

```
File.chmod(0644, 'C:/Ruby193/esempi/permessi.txt')
```

Così avremo impostato i permessi in modo che il proprietario possa leggere o scrivere su tale risorsa, mentre sia il gruppo che tutti gli altri possano solo leggere.
Per cambiare il proprietario del file invece utilizzeremo il metodo **chown**:

```
>File.chown(p_id, g_id, 'C:/Ruby193/esempi/permessi.txt')
```

dove p_id è il numero identificativo dell'utente corrente mentre g_id è l'identificativo del gruppo.

Manipolare file e directory

Le classi **File** e **Dir** definiscono i metodi per creare, spostare, copiare ed eliminare file e directory; anche se la maggior parte dei metodi per l'esecuzione di questi compiti sono contenuti nel modulo **FileUtils** presente nella libreria standard di Ruby. Per utilizzare tali metodi, è necessario includere tale modulo nello script Ruby; per farlo basterà utilizzare la seguente sintassi:

```
require 'FileUtils'
```

Per creare una nuova directory utilizzeremo il metodo **mkdir** nel seguente modo:

```
>FileUtils.mkdir('C:/Ruby193/esempi/dir_prova')
=> ["C:/Ruby193/esempi/dir_prova"]
```

Per creare un file, oltre al metodo già visto in precedenza è possibile anche utilizzare il metodo **touch**:

```
>FileUtils.touch('C:/Ruby193/esempi/dir_prova/file.txt')
=> ["C:/Ruby193/esempi/dir_prova/file.txt"]
```

Per spostare un file da una posizione nel filesystem del computer ad un'altra possiamo utilizzare il metodo **mv** o ciò che è lo stesso **move**, con la seguente sintassi:

```
FileUtils.mv(origine, destinazione)
```

Vediamo un esempio, spostando il file appena creato dalla directory corrente a quella del livello immediatamente superiore:

```
> FileUtils.mv('C:/Ruby193/esempi/dir_prova/file.txt',
'C:/ Ruby193/esempi/')
=> 0
```

Lo stesso metodo può essere utilizzato per rinominare un file, oppure per rinominarlo e spostarlo contemporaneamente:

```
> Dir.pwd
=> "C:/Ruby193/esempi/dir_prova"
> Dir.entries('./')
=> [".", "..", "file.txt"]
> FileUtils.mv('file.txt','nuovo_file.txt')
=> 0
> Dir.entries('./')
=> [".", "..", "nuovo_file.txt"]
```

Per creare una copia di un file utilizzeremo il metodo **cp** o ciò che è lo stesso **copy**, con la seguente sintassi:

```
FileUtils.cp('nomefile', percorso/')
FileUtils.cp('nomefile', '/percorso/nomefile')
```

Vediamo allora un esempio:

```
> Dir.pwd
=> "C:/Ruby193/esempi/dir_prova"
> Dir.entries('./')
=> [".", "..", "nuovo_file.txt"]
> FileUtils.cp('nuovo_file.txt', 'C:/Ruby193/esempi/')
> Dir.chdir('../')
=> 0
> Dir.pwd
=> "C:/Ruby193/esempi"
> Dir.entries('./')
=> [".", "..", "dir_prova", "nuovo_file.txt"]
```

Per creare una copia di una directory utilizzeremo il metodo **cp_r**, con la seguente sintassi:

```
FileUtils.cp_r('nomedir', '/percorso/')
```

Per creare un link ad un file o ad una directory utilizzeremo il metodo **ln** o **ln_s** con la seguente sintassi:

```
FileUtils.ln('/percorso/destinazione', '/percorso/link')
```

Mentre il primo crea un hard link (che punta ad una posizione fisica del disco), il secondo crea un symbolic link (che invece riporta il percorso assoluto o relativo del file).
Per rimuovere un file utilizzeremo il metodo **rm** o ciò che è lo stesso **remove**, con la seguente sintassi:

```
FileUtils.rm('/percorso/file')
```

Mentre per rimuovere una directory il metodo **remove_dir**, con la seguente sintassi:

```
FileUtils.remove_dir('/percorso')
```

Operazioni di lettura

Esistono diversi metodi che ci permettono di leggere informazioni da un file, la scelta dell'uno o dell'altro dipende da ciò che vogliamo ottenere da tale operazione.
Ad esempio se vogliamo semplicemente leggere l'intero contenuto di un file, allora basterà utilizzare il metodo **read** della classe **File**. La sintassi da utilizzare è la seguente:

```
contenuto_file = File.read('/percorso/nomefile')
```

Se invece vogliamo suddividere il contenuto del file in righe e depositare ogni singola riga in una posizione di un array, allora utilizzeremo il metodo **readlines**:

```
contenuto_file = File.readlines('/percorso/nomefile')
```

Per accedere ad un file ed eseguire la lettura una riga alla volta, è possibile utilizzare l'iteratore **foreach** inserito in un blocco:

```
File.foreach('/percorso/nomefile') do |linea|
    istruzione
end
```

Finora abbiamo utilizzato dei metodi che ci consentivano di accedere a dei file, per la lettura una tantum dei dati; nel caso invece avessimo bisogno di accedere ad un file svariate volte, ci converrà utilizzare il metodo **open** che ci consente di creare un riferimento al file, da utilizzare nei successivi accessi al file.

Per invocare il metodo **open** scriveremo:

```
file = File.open('/percorso/nomefile')
```

fatto questo basterà applicare un iteratore per accedere alle diverse righe del file:

```
file.each do |linea|
    istruzione
end
```

Possiamo utilizzare una forma contratta dei comandi appena visti scrivendo:

```
File.open('/percorso/nomefile')  do |file|
    istruzioni
end
```

Alla fine delle operazioni di lettura, il file potrà essere chiuso, per permettere l'accesso da parte di altri programmi, attraverso il metodo **close**:

```
file.close
```

Facciamo allora un semplice esempio che ci consente di leggere un file di testo, con nome file.txt, contenente le tre righe di seguito riportate:

```
Prima riga
Seconda riga
Terza riga
```

L'operazione più semplice che possiamo eseguire è quella di leggere l'intero file e di visualizzare il contenuto a video:

```
> puts File.read('file.txt')
```

```
Prima riga
Seconda riga
Terza riga
=> nil
```

Facciamo la stessa operazione, questa volta utilizzando un iteratore in un blocco, ed aggiungendo delle linee di separazione per ogni riga:

```
File.foreach('file.txt') do |linea|
    puts '-----------------------------------'
    puts linea
    puts '-----------------------------------'
end
```

Il risultato è riportato nella figura 8.3

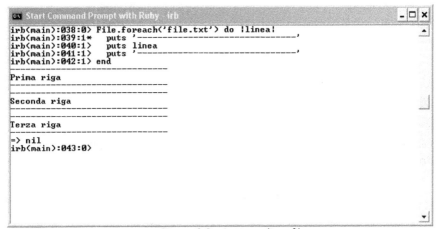

Figura 8.3 – Lettura di un file

Operazioni di scrittura

Nelle operazioni di scrittura, i dati dopo essere stati elaborati, vengono memorizzati in specifiche locazioni di memoria; per fare questo è necessario preventivamente aprire un file già presente nel file system del computer o crearne uno nuovo. Il file però dovrà essere aperto in una modalità che supporti la scrittura.

Analizziamo a tal proposito quali sono le modalità con cui un file può essere aperto:
- r   - lettura
- r+   - lettura e scrittura, ma il file deve esistere
- w   - scrittura, viene creato un nuovo file se non esiste, mentre si sovrascrive un file già esistente

- **w +** - come w, ma consente la lettura
- **a**   - scrittura, se il file esiste aggiunge alla fine
- **a+** - come a ma consente la lettura
- **b**   - modalità binaria

Per aprire un file utilizzeremo ancora una volta il metodo **open**, aggiungendo il modo, quale secondo argomento (opzionale) del metodo. Per impostazione predefinita, il file viene aperto in modalità lettura (r). Tutte le altre modalità, viste in precedenza, supportano la scrittura, ma si differenziano per alcune caratteristiche aggiuntive.

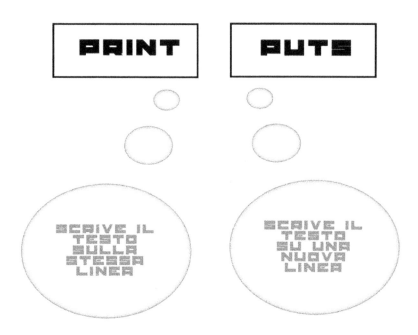

Figura 8.4 – Differenze tra i metodi puts e print

Una volta che il file è stato aperto per la scrittura, sarà possibile scriverci del testo, utilizzando gli stessi metodi che abbiamo imparato ad utilizzare per visualizzare del testo sullo standard output (schermo): in primo luogo il metodo **print** e poi con **puts**.

Nell'esempio seguente, il file 'scrittura.txt' viene aperto in modalità append (a), quindi il testo viene aggiunto in coda al file, nell'ultima riga,:

```
File.open('scrittura.txt', 'a') do |linea|
    linea.puts('Quarta riga')
```

```
end
```

a seguito dell'operazione di scrittura il file conterrà il seguente testo:

```
Prima riga
Seconda riga
Terza riga
Quarta riga
```

Come già detto, sia il metodo **print** che **puts** ci consentono di scrivere su file, così come avevamo imparato a farlo sullo schermo; ricordiamo a tal proposito, che la differenza sostanziale esistente tra i due metodi consiste nel fatto che: **puts** scrive il testo rigorosamente su una nuova linea, cosa che invece **print** non fa.

Capitolo nono
Gestione delle eccezioni

Abbiamo già visto come utilizzare i costrutti che il linguaggio Ruby ci mette a disposizione, per scrivere in modo corretto un programma per la risoluzione di un problema. A questo punto possiamo erroneamente pensare di aver terminato la nostra attività; in realtà è ora che inizia il lavoro più duro che è quello del debugging del programma, cioè della ricerca dei cosiddetti errori di programmazione che si manifestano solo durante lo sviluppo e l'esecuzione di un codice.
Tali errori di programmazione si possono distinguere essenzialmente in tre categorie principali:

1. errori di sintassi
2. errori di logica
3. errori di runtime

Gli errori di sintassi sono i più semplici da individuare in quanto è lo stesso interprete Ruby che li individua e ne descrive la tipologia attraverso i messaggi che vengono stampati a video.

Si tratta di errori che si commettono nella fase di scrittura del programma, e sono in genere errori di ortografia o di sintassi delle istruzioni. Gli errori di sintassi impediscono la compilazione del programma da parte dell'interprete che quindi tipicamente segnalerà la presenza dell'errore.

Gli errori di logica sono i più difficili da individuare, questo perché l'interprete non ci fornisce alcuna informazione a riguardo, essendo il programma formalmente corretto dal punto di vista della sintassi. Ci accorgiamo della presenza dell'errore in quanto l'algoritmo non fornisce l'output richiesto nell'ambito di una o più istanze del problema da risolvere. Tali errori possono essere causati da una mancata comprensione del problema da calcolare o dei vincoli che i dati in input devono rispettare, o ancora nella valutazione del test dell'algoritmo. Per l'individuazione di tali errori è necessario effettuare il debugging del codice.

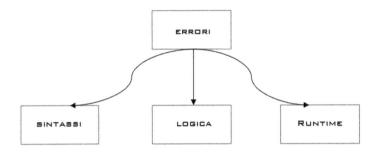

Figura 9.1 – Tipi di errori di programmazione

Infine ci sono gli errori di runtime che rappresentano degli errori che avvengono nella fase di esecuzione del programma, anche se l'algoritmo è corretto e il codice è interpretato giustamente. Tali errori sono usualmente contenuti nell'algoritmo, ad esempio si può erroneamente modificare una variabile nel corso del calcolo o eseguire un calcolo scorretto. Gli errori di run-time si evidenziano quando il programma produce dei risultati inaspettati. Tali errori possono essere gestiti dal codice in modo che il verificarsi dell'evento non pregiudichi il corretto risultato dell'intero progetto.

Le eccezioni

Come già anticipato il fatto che un'istruzione, o un'espressione, sia sintatticamente corretta, non ci mette al riparo dal causare un errore quando si tenti di eseguirla. Tali errori che sono rilevati durante l'esecuzione di un programma sono detti eccezioni e non sono necessariamente causa di un arresto incondizionato del programma.
Infatti ad essi si può porre rimedio imparando a gestirli opportunamente con gli strumenti che Ruby ci mette a disposizione. La maggior parte delle eccezioni sono gestite direttamente dai programmi e causano dei messaggi di errore, come i seguenti:

```
> 9 * (5/0)
ZeroDivisionError: divided by 0
        from (irb):1:in `/'
        from (irb):1
        from C:/Ruby193/bin/irb:12:in `<main>'
> 1 + var*2
NameError: undefined local variable or method `var' for main:Object
        from (irb):2
```

```
        from C:/Ruby193/bin/irb:12:in `<main>'
> '10' + 10
TypeError: can't convert Fixnum into String
        from (irb):3:in `+'
        from (irb):3
        from C:/Ruby193/bin/irb:12:in `<main>'
```

In tutti e tre i casi appena analizzati, il messaggio di errore ci fornisce informazioni dettagliate su cosa sia successo. Le eccezioni rilevate nell'esecuzione delle istruzioni appena viste sono di diversi tipi, ed il loro tipo è stato stampato come parte del messaggio:
- ZeroDivisionError,
- NameError
- TypeError.

Analizziamo allora nel dettaglio le eccezioni che abbiamo sollevato attraverso le nostre righe di codice. Nella stringa stampata compare innanzitutto la posizione in cui si è verificato l'evento e quale tipo d'eccezione si sia riscontrata, attraverso l'indicazione del nome dell'eccezione stessa.
Questo avviene nel caso di tutte le eccezioni built-in, ma non per tutte le eccezioni definite dall'utente. Il resto della riga ci fornisce un'interpretazione dettagliata del suo significato e dipende dal tipo d'eccezione.

Un'eccezione è quindi un particolare tipo di oggetto, un'istanza della classe **Exception** o una discendente di quella classe, che descrive una sorta di condizioni eccezionali; indica che qualcosa è andato storto. In questo caso, è sollevata un'eccezione; per impostazione predefinita, i programmi Ruby terminano l'esecuzione nel momento in cui si verifica un'eccezione.

Ma è possibile continuare l'esecuzione del codice, dichiarando dei gestori di eccezioni: un gestore di eccezioni è un blocco di codice che è eseguito se si verifica un'eccezione durante l'esecuzione di un altro blocco di codice.

Sollevare un'eccezione, quindi, significa arrestare la normale esecuzione del programma e trasferire il flusso di controllo al codice di gestione delle eccezioni, in cui si affronta il problema che è stato rilevato oppure si esce completamente dal programma.

Quale di queste opzioni si sceglie, dipende dal fatto che si sia introdotta una clausola **rescue** (salvataggio).

Se il codice non è stato fornito di una tale clausola, il programma termina; se invece si dispone della clausola rescue, il controllo dei flussi passa alla clausola di salvataggio.

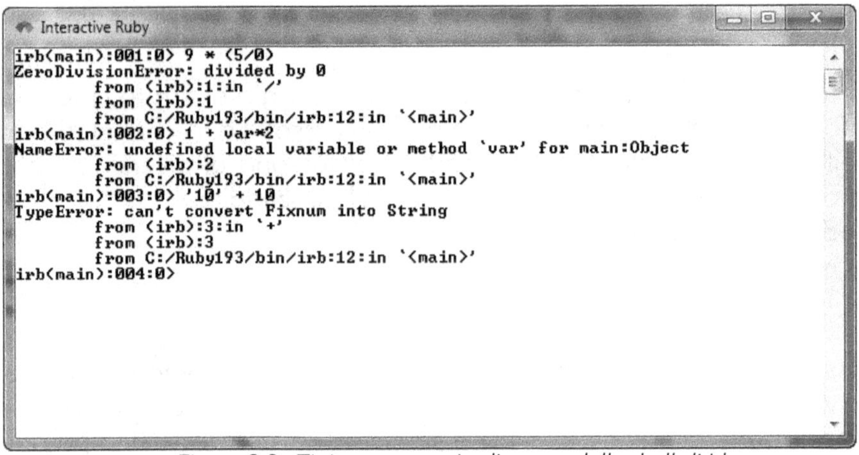

```
Interactive Ruby
irb(main):001:0> 9 * (5/0)
ZeroDivisionError: divided by 0
        from (irb):1:in `/'
        from (irb):1
        from C:/Ruby193/bin/irb:12:in `<main>'
irb(main):002:0> 1 + var*2
NameError: undefined local variable or method `var' for main:Object
        from (irb):2
        from C:/Ruby193/bin/irb:12:in `<main>'
irb(main):003:0> '10' + 10
TypeError: can't convert Fixnum into String
        from (irb):3:in `+'
        from (irb):3
        from C:/Ruby193/bin/irb:12:in `<main>'
irb(main):004:0>
```

Figura 9.2 –Tipico messaggio di errore della shell di Irb

Ruby ha alcune classi predefinite per la gestione delle eccezioni, la principale delle quali è la classe **Exception** e poi tutte le classi da essa derivate. Tali classi consentono di gestire gli errori che si possono verificare nel programma. Di seguito si riporta la gerarchia delle eccezioni previste dal Ruby.

```
Exception
 NoMemoryError
 ScriptError
   LoadError
   NotImplementedError
   SyntaxError
 SignalException
   Interrupt
 StandardError
   ArgumentError
   IOError
     EOFError
   IndexError
   LocalJumpError
   NameError
     NoMethodError
   RangeError
     FloatDomainError
   RegexpError
   RuntimeError
   SecurityError
   SystemCallError
   SystemStackError
   ThreadError
   TypeError
   ZeroDivisionError
```

```
SystemExit
fatal
```

Nell'ipotesi si voglia sollevare un'eccezione in corrispondenza di un particolare evento, dovremo utilizzare il metodo **raise** del modulo **Kernel**. La sintassi completa prevede tre argomenti:

```
raise(exception [, string [, array]])
```

Il primo argomento è il nome di una classe della gerarchia Exception e rappresenta il tipo di eccezione da sollevare. Il secondo argomento è un messaggio che verrà associato all'eccezione, mentre il terzo è un array con la callback dell'eccezione.

Il metodo **raise** potrà essere chiamato anche senza alcun argomento, in tal caso si solleverà un eccezione del tipo RuntimeError, oppure se definita l'eccezione contenuta nella variabile globale $!, che contiene l'ultima eccezione sollevata.

Ad esempio potremo scrivere:

```
raise "Errore nell'apertura del file"
```

La gestione delle eccezioni

Con il termine gestione delle eccezioni si intende un insieme di costrutti e regole sintattiche e semantiche presenti nel linguaggio allo scopo di rendere più semplice, chiara e sicura la gestione di eventuali situazioni anomale che si possono verificare durante l'esecuzione di un programma. La gestione delle eccezioni è rivolta a facilitare l'uso di meccanismi ragionevoli per gestire situazioni erronee o eccezionali che sorgono nei programmi e può essere usata per passare informazioni sulle situazioni d'errore che avvengono all'interno del codice e rispondere selettivamente a quegli errori.

Attraverso la gestione delle eccezioni è possibile consentire al programma di continuare la sua normale operatività e prevenire errori interni (crash), che comportano la visualizzazione di messaggi d'errore di difficile comprensione per l'utente. Sarà allora sufficiente arrestare il programma e produrre un resoconto dell'errore; la differenza rispetto a sistemi che non fanno uso di eccezioni per segnalare esecuzioni anomale del programma, sta nel fatto che con un'appropriata gestione delle eccezioni, la condizione erronea può essere localizzata con precisione, semplificando il debugging.

In molti casi le operazioni, previste dall'algoritmo implementato per il nostro programma, possono generare errori in esecuzione; quando questo accade risulta opportuno che il programma non si blocchi. La soluzione a tale problema è quella di gestire l'eccezione usando le istruzioni **rescue** ed **ensure**. Il metodo **rescue** solleva l'eccezione, mentre il metodo **ensure** è in ogni caso eseguito indipendentemente dall'esito dell'eccezione sollevata.; tali metodi devono essere inseriti in un blocco **begin/end**. Il blocco di codice segnalato con **begin** viene eseguito finchè non si verifica un'eccezione, che causa il trasferimento del controllo ad un blocco di gestione dell'eccezione, che viene segnalato da **rescue**. Se non si determina un eccezione, il codice rescue non viene utilizzato.

Per capirne il funzionamento vediamo un semplice esempio, nel quale eseguiremo una divisione per zero e gestiremo l'eccezione che verrà sollevata con dei messaggi a video:

```
#!/usr/bin/Ruby
#Encoding:ISO-8859-1


begin
  eval "12 / 0"
rescue ZeroDivisionError
  puts "Errore. Si è cercato di dividere per zero."
  exit 1
ensure
  puts "Correggiamo la divisione."
end
```

Analizziamola nel dettaglio: la funzione **eval** ci consente di effettuare l'operazione il cui risultato determina un errore, che viene intercettato dall'istruzione contenuta nel costrutto **rescue** (normalmente sarebbe stato stampato a video il messaggio di errore ZeroDivisionError, già visto in precedenza). Nel nostro caso viene stampato il messaggio da noi inserito nel blocco e si esce dal programma. Inoltre viene stampato il messaggio contenuto nella clausola ensure.

Vediamo ora un esempio più articolato, che chiede ad un operatore di inserire il nome di un file per poi provare ad aprirlo. Se il file non esiste il programma si blocca mostrando un messaggio di errore; vediamo come gestire questa possibile eccezione al fine di evitare il blocco del programma:

```
#!/usr/bin/Ruby
#Encoding:ISO-8859-1


begin
  file = File.open('ciao.txt')
  puts 'Il file esiste'
  file.close
rescue
    print('Il file ', file, 'non esiste')
    exit 1

end
```

Vediamo allora il funzionamento di questo blocco di programma: la prima istruzione è molto semplice non facciamo altro che aprire il file contenuto tra parentesi, se il file esiste viene aperto e stampato un messaggio ('Il file esiste'), quindi il file viene chiuso.
Nel caso invece si verifichi qualche eccezione (ad esempio che il file richiesto non esiste), l'esecuzione del codice viene interrotta immediatamente e viene eseguito il blocco rescue, attraverso il quale viene stampato il messaggio ('Il file ', file, 'non esiste'), e viene interrotta l'esecuzione del programma tramite l'istruzione exit.

Debugging del codice

Per debugging si intende la procedura con la quale si cerca di individuare la porzione di codice affetta da un errore (bug), rilevato nel programma una volta che questo è stato mandato in esecuzione.
L'errore può manifestarsi sia nel momento di collaudo del programma, durante la fase di sviluppo quando lo stesso non è stato ancora distribuito, sia in fase di utilizzo, quando cioè il programma viene mandato in esecuzione dall'utente finale. Dopo aver rilevato l'errore si procede con la fase di debugging, che ha come scopo quello della rimozione del bug appena rilevato.

Tale procedura è una delle operazioni più importanti per la messa a punto di un programma, si presenta estremamente difficile per la complessità del codice da analizzare e da eseguire con attenzione dato il pericolo di introdurre nuovi errori o comportamenti difformi da quelli desiderati.

Nel debug di applicazioni software, si possono riconoscere le seguenti fasi:
- identificazione del bug
- individuazione della porzione di codice in cui è presente il bug

- individuazione della istruzione che causa il bug
- progettazione di una correzione per il bug
- implementazione e testing della correzione

```
0101000011111000101010100000110
0011110001010101000000111000101 0
1010000011100010101010000001 1100
0101010100000111000101010100000
1110BUG10101010000001110001010101
0000011100010101010000001110001 0
1010100000111000101010100000111
0001010101000000111000101010101000
0011100010101010000001110001010 1
0100000111000101010100000111000
1010101000000111000101010100000 1
11000101010100000011100010101010
0000101010100000011100010101010 1
```

Figura 9.3 –Rilevazione di un bug in un codice sorgente

Per venire incontro al programmatore, nella procedura di debbugging, che come già detto, si presenta spesso lunga e difficoltosa, esistono dei programmi specifici detti debugger, che forniscono un utile ausilio allo sviluppatore, dando la possibilità di seguire il flusso del programma, istruzione per istruzione, e permettendo l'analisi dei dati trattati.

Se non si dispone di un debbugger si procede al debbugging manuale, attraverso il quale si procede con lo stampare a video o su file le istruzioni che il programma sta eseguendo, inserendo a tal scopo nel codice delle istruzioni specifiche.
Il linguaggio Ruby offre numerose risorse che ci aiutano nel lavoro di debugging, quali alcuni debugger integrati nelle diverse idle distribuite. Ruby ha però già implementato un debbugger nella libreria standard che fa riferimento al modulo debug, che definisce un debugger interattivo per il codice sorgente.

Tale modulo consente l'impostazione condizionata dei breakpoint e l'avanzamento riga per riga a livello del codice sorgente, l'ispezione degli stack frame, il listato del codice sorgente e la valutazione di codice Ruby arbitrario nel contesto di un qualunque stack frame.
Per utilizzare il debugger di Ruby, basterà includere il modulo debug nel codice attraverso la seguente istruzione:

```
require 'debug'
```

Oppure inserire l'opzione –r seguita dal nome del modulo, quando e-
seguiamo il codice Ruby:

```
Ruby -r debug nomefile.rb
```

In entrambe le soluzioni, una volta eseguito il codice Ruby, potremo
interagire con un'interfaccia del tipo Irb, nella quale sarà possibile e-
saminare e controllare il codice. In tale finestra potremo inserire i comandi che ci consentiranno di analizzare, verificare e testare il codice.

Figura 9.4 – I comandi del debugger di Ruby

Vediamo allora un elenco dei principali comandi da utilizzare:
- **step**: passa alla riga successiva
- **next**: esegue la riga successiva di codice
- **var global**: stampa il valore della variabile globale
- **var local**: stampa il valore della variabile locale
- **display var**: visualizza il valore della variabile var senza eseguire il
codice
- **list**: mostra il codice intorno al prossimo punto di arresto

- **break**: pone un punto di arresto nel codice attraverso l'indicazione del numero di linea
- **watch**: pone un punto di arresto quando si verifica una condizione
- **help**: fornisce aiuto sui comandi
- **delete**: cancella uno o più punti di arresto
- **display <espressione>**: aggiunge espressione nella lista da visualizzare
- **undisplay**: cancella una voce dalla lista da visualizzare
- **cont**: esegue il codice fino alla fine o fine al prossimo punto di arresto
- **where**: mostra la riga attuale
- **frame**: alias di where
- **up**: sposta alla riga precedente
- **down**: sposta alla riga successiva
- **quit**: esce dal debugger

La lista completa dei comandi disponibili è riportata nella Figura 9.4.

Analizziamo un esempio pratico eseguendo un semplice test di uno script che abbiamo visto per gli array:

```
#!/usr/bin/Ruby

primo_array = ["giuseppe", "tiziana", "luigi", "simone"]
primo_array[4] = "caterina"
primo_array[5] = 2008
print primo_array[0]," tipo = ", primo_array[0].class,"\n"
print primo_array[1]," tipo = ", primo_array[1].class,"\n"
print primo_array[2]," tipo = ", primo_array[2].class,"\n"
print primo_array[3]," tipo = ", primo_array[3].class,"\n"
print primo_array[4]," tipo = ", primo_array[4].class,"\n"
print primo_array[5]," tipo = ", primo_array[5].class,"\n"
```

Ricordiamo che lo script dopo aver definito un array di stringhe, inserisce due nuovi elementi e stampa infine la tipologia di ogni elemento dell'array. Richiamiamolo con il debugger di Ruby:

```
Ruby -r debug primoarray.rb
```

ottenendo.

```
C:\Ruby193\esempi>Ruby -r debug primoarray.rb
Debug.rb
Emacs support available.

primoarray.rb:3:primo_array = ["giuseppe", "tiziana", "luigi", "simone"]
```

Visualizziamo l'intervallo di righe di codice 1-11:

```
(rdb:1) l 1-11
[1, 11] in primoarray.rb
    1  #!
    2
=>  3  primo_array = ["giuseppe", "tiziana", "luigi", "simone"]
    4  primo_array[4] = "caterina"
    5  primo_array[5] = 2008
    6  print primo_array[0]," tipo = ", primo_array[0].class,"\n"
    7  print primo_array[1]," tipo = ", primo_array[1].class,"\n"
    8  print primo_array[2]," tipo = ", primo_array[2].class,"\n"
    9  print primo_array[3]," tipo = ", primo_array[3].class,"\n"
   10  print primo_array[4]," tipo = ", primo_array[4].class,"\n"
   11  print primo_array[5]," tipo = ", primo_array[5].class,"\n"
(rdb:1)
```

La freccia => indica la posizione attuale assunta dal debbugger in fase di testing (nel nostro caso è la prima riga di codice eseguibile: riga 3). Utilizziamo il comando next per eseguire la successiva riga di codice:

```
(rdb:1) next
primoarray.rb:4:primo_array[4] = "caterina"
```

ne abbiamo conferma stampando nuovamente l'intervallo di righe di codice 1-11, e verificando che questa volta la freccia => indica la posizione 4:

```
(rdb:1) l 1-11
[1, 11] in primoarray.rb
    1  #!
    2
    3  primo_array = ["giuseppe", "tiziana", "luigi", "simone"]
=>  4  primo_array[4] = "caterina"
    5  primo_array[5] = 2008
    6  print primo_array[0]," tipo = ", primo_array[0].class,"\n"
    7  print primo_array[1]," tipo = ", primo_array[1].class,"\n"
    8  print primo_array[2]," tipo = ", primo_array[2].class,"\n"
    9  print primo_array[3]," tipo = ", primo_array[3].class,"\n"
   10  print primo_array[4]," tipo = ", primo_array[4].class,"\n"
   11  print primo_array[5]," tipo = ", primo_array[5].class,"\n"
(rdb:1)
```

Eseguiamo allora la successiva riga di codice:

```
(rdb:1) next
primoarray.rb:5:primo_array[5] = 2008
```

Fissiamo un punto di arresto per il codice in corrispondenza della riga 8:

```
(rdb:1) b 8
Set breakpoint 1 at primoarray.rb:8
```

Lanciamo quindi l'esecuzione del codice fino al successivo punto di arresto con il comando cont:

```
(rdb:1) cont
giuseppe tipo = String
tiziana tipo = String
Breakpoint 1, toplevel at primoarray.rb:8
primoarray.rb:8:print primo_array[2],"tipo=",primo_array[2].class,"\n"
```

Come è possibile verificare vengono stampati i tipi dei primi due elementi del'array, quindi l'esecuzione si blocca avendo raggiunto il punto di arresto. Rilanciamo infine il comando cont, con cui è eseguita la parte restante dello script:

```
(rdb:1) cont
luigi tipo = String
simone tipo = String
caterina tipo = String
2008 tipo = Fixnum
```

Capitolo decimo
Database

Un database rappresenta un archivio di dati, in cui le informazioni sono memorizzate secondo una specifica struttura e collegate tra loro attraverso un determinato modello logico, che può essere del tipo relazionale, gerarchico, reticolare o a oggetti. Tale modello consente allora una gestione efficace dei dati stessi, e garantisce un'interfaccia per l'esecuzione delle richieste effettuate da parte dell'utente, attraverso i cosiddetti query language. Ruby, come tutti i linguaggi di programmazione, consente una semplice gestione dei più diffusi software per la gestione di database.

Il database manager SQlite3

Come abbiamo potuto verificare già nel capitolo in cui ci siamo occupati dell'installazione del software necessario per programmare con Ruby, ci interesseremo della gestione di un database con l'utilizzo del software SQlite3.
SQLite3 rappresenta una libreria software scritta in linguaggio C, che implementa un DBMS (Database Management System) in linguaggio SQL (Structured Query Language) incorporabile all'interno di applicazioni.
Per utilizzare SQLite3 nel codice Ruby dovremo includere il modulo di gestione dei database attraverso la seguente istruzione:

```
require 'sqlite3'
```

Per la creazione del nostro primo database utilizzeremo il seguente codice:

```
db = SQLite3::Database.new('C:\Ruby193\esempi\database.db')
```

Ricordiamo poi, che dopo aver utilizzato il database, è necessario chiuderlo per interrompere il flusso di informazioni che si è stabilito, in modo da liberare il file e renderlo disponibile per altre interazioni. Per fare questo scriveremo:

```
db.close
```

Esaminiamo un primo script che ci consentirà di visualizzare la versione di SQlite3 installata sul nostro computer. L'analisi dello script ci permetterà di comprendere le procedure che Ruby adotta per la connessione ad un database, il recupero delle informazioni ed il rilevamento di eventuali errori.

```
#!/usr/bin/Ruby

require 'sqlite3'

begin

    db = SQLite3::Database.new ":memory:"
    puts db.get_first_value 'SELECT SQLITE_VERSION()'

rescue SQLite3::Exception => errore

    puts "Rilevata eccezione"
    puts errore

ensure
    db.close if db
end
```

Analizziamo nel dettaglio lo script: dapprima utlizziamo il modulo 'sqlite3' che contiene i metodi per stabilire la connessione con il database. Tale operazione è effettuata attraverso l'istruzione:

```
db = SQLite3::Database.new ":memory:"
```

creiamo, in questo modo, un nuovo oggetto database. La classe Database incapsula una singola connessione a un database SQLite; in particolare, poiché l'esempio serve solo per ricavare informazioni sulla versione del software, il database viene creato in memoria, quindi non si tratta di una soluzione permanente, ma solo temporanea in modo da non occupare inutilmente memoria.

Passiamo ora ad interrogare il database:

```
puts db.get_first_value 'SELECT SQLITE_VERSION()'
```

In questo modo viene effettuata una chiamata al metodo **get_first_value** dell'oggetto **db**. Si esegue quindi l'istruzione SQL ottenendo così il primo valore della prima riga di un set di risultati. Ricordiamo a tal proposito che Ruby, nella gestione di un database, utilizza tutta la terminologia propria di SQL, che rappresenta un linguaggio standardizzato per database di tipo relazionale. Occupiamoci ora di eventuali errori:

```
rescue SQLite3::Exception => errore
    puts "Rilevata eccezione"
    puts errore
```

attraverso tale codice effettuiamo un controllo su eventuali errori. Questo è importante, dal momento che l'utilizzo dei database è soggetto a errori. Alla fine rendiamo nuovamente disponibili le risorse impiegate nell'attuale interrogazione del database:

```
ensure
    db.close if db
```

Lo script appena analizzato fornisce, come risultato, la seguente informazione:

```
>C:\Ruby193\esempi>Ruby versione.db.rb
3.7.17
```

Costruzione di un database

In un database i dati vengono suddivisi per argomenti in apposite tabelle, e poi tali argomenti vengono suddivisi per categorie (campi). Tale suddivisione e funzionalità, rende i database notevolmente più efficienti rispetto ad un archivio di dati creato ad esempio tramite file system di un sistema operativo almeno per la gestione di dati complessi.
Per la costruzione del database possiamo utilizzare tutti i comandi previsti dal linguaggio SQL. Ad esempio, per creare una tabella, utilizzeremo il comando **create table**, seguito dal nome della tabella, e quindi dal nome e tipo di ogni colonna, tutto questo tra parentesi; ad esempio potremo scrivere:

```
sql = 'CREATE TABLE rubrica (id INTEGER PRIMARY KEY, nome TEXT, cognome TEXT)'
```

La query che abbiamo appena costruito, la manderemo in esecuzione con il seguente commando:

```
db.execute(sql)
```

Per meglio comprendere le istruzioni appena introdotte, analizziamo nel dettaglio il codice, di seguito riportato, che crea una tabella rubrica ed inserisce in essa una serie di record:

```
#!/usr/bin/Ruby
require 'sqlite3'

begin
  db = SQLite3::Database.open('database.db')
  db.execute "CREATE TABLE IF NOT EXISTS Rubrica(Id INTEGER PRIMARY KEY,
Cognome TEXT, Nome TEXT, Telefono TEXT)"
  db.execute "INSERT INTO Rubrica VALUES(1,'Rossi', 'Giulio', '081555555')"
  db.execute "INSERT INTO Rubrica VALUES(2,'Bianchi', 'Rosa',
'0823555555')"
  db.execute "INSERT INTO Rubrica VALUES(3,'Verdi', 'Giuseppe',
'0824555555')"
  db.execute "INSERT INTO Rubrica VALUES(4,'Neri', 'Marco', '0825555555')"

rescue SQLite3::Exception => errore

    puts "Rilevata eccezione"
    puts errore

ensure
    db.close if db
end
```

Analizziamo allora riga per riga il codice appena proposto: come sempre creiamo un nuovo oggetto database e stabiliamo la connessione con il database 'database.db'. Tutto questo con la seguente istruzione:

```
db = SQLite3::Database.open('database.db')
```

Creiamo quindi la tabella di nome 'Rubrica', nell'ipotesi in cui non esista già, composta da tre campi: Cognome, Nome, Telefono del tipo testo. Vediamo il codice utilizzato:

```
db.execute "CREATE TABLE IF NOT EXISTS Rubrica(Id INTEGER PRIMARY KEY,
Cognome TEXT, Nome TEXT, Telefono TEXT)"
```

Le successive quattro linee inseriscono quattro nuovi record nella tabella. Si noti che per impostazione predefinita, ci si trova in modalità autocommit, dove tutte le modifiche apportate alla tabella risultano immediatamente efficaci.

```
    db.execute "CREATE TABLE IF NOT EXISTS Rubrica(Id INTEGER PRIMARY KEY,
Cognome TEXT, Nome TEXT, Telefono TEXT)"
    db.execute "INSERT INTO Rubrica VALUES(1,'Rossi', 'Giulio', '081555555')"
    db.execute  "INSERT   INTO   Rubrica   VALUES(2,'Bianchi',   'Rosa',
'0823555555')"
    db.execute  "INSERT   INTO   Rubrica   VALUES(3,'Verdi',   'Giuseppe',
'0824555555')"
    db.execute "INSERT INTO Rubrica VALUES(4,'Neri', 'Marco', '0825555555')"
```

L'ultima porzione di codice, come già visto in precedenza, è inserita per gestire eventuali eccezioni:

```
rescue SQLite3::Exception => errore

    puts "Rilevata eccezione"
    puts errore
```

Infine ancora una volta chiudiamo il database per renderlo nuovamente disponibile da parte di altre applicazioni:

```
ensure
    db.close if db
```

Dopo aver creato e popolato la tabella Rubrica del database, vediamo ora di verificare la corretta esecuzione del codice; stamperemo quindi a video il contenuto della tabella.

Per fare questo, abbiamo bisogno della command-line shell di SQlite3, cioè di un tool da linea di comando per accedere e modificare un database SQlite3. Possiamo scaricarlo dal sito ufficiale (Figura 10.1):

http://www.sqlite.org/download.html

Fatto questo basterà cliccare sull'eseguibile per avere a disposizione una finestra con il prompt dei comandi, nella quale scriveremo:

```
>sqlite3 database.db
SQLite version 3.8.7.1 2014-10-29 13:59:56
Enter ".help" for usage hints.
```

Figura 10.1 – Sito ufficiale di SQlite3

Potremo interrogare così il database a cui abbiamo avuto accesso, ad esempio stampando a video tutte le tabelle presenti:

```
sqlite> .tables
Rubrica
```

Mentre per visualizzare il contenuto della tabella Rubrica ci converrà modificare il modo in cui i dati vengono visualizzati nella console.

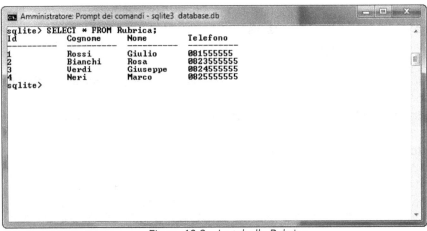

Figura 10.2 – La tabella Rubrica

Utilizzeremo, a tal proposito, la modalità colonna e faremo visualizzare le intestazioni dei campi:

```
sqlite> .mode column
```

```
sqlite> .headers on
```

Quindi attraverso istruzioni SQL visualizzeremo Il contenuto della tabella Rubrica:

```
sqlite> SELECT * FROM Rubrica;
```

Il risultato è riportato nella Figura 10.2.

Recupero dei dati

Le potenzialità di un database risiedono proprio nell'estrema capacità di recupero di informazioni da una base di dati. Tali dati vengono recuperati dal database con l'istruzione SELECT; nel modulo SQLite di Ruby, per prima cosa prepariamo l'istruzione SQL necessaria, attraverso l'impiego del metodo **prepare**.
La stringa SQL viene inviata al motore del database, che controlla la dichiarazione di validità, la sintassi e in alcuni database anche le autorizzazioni utente necessarie per eseguire determinate query. Se tutto va bene, un oggetto di dichiarazione viene restituito allo script Ruby. Il passo successivo è la chiamata al metodo **execute**. Tale metodo esegue la query nel database, in questo modo i dati vengono recuperati.
Il modulo di Ruby 'sqlite3', ha diversi metodi per recuperare i dati dalle tabelle presenti in un database. Dopo aver preparato ed eseguito l'istruzione SQL, saremo in grado di utilizzare i dati restituiti. Vediamo allora un semplice script, che ci consente di recuperare dei record di dati dalla tabella Rubrica, presente nel database che abbiamo creato nel capitolo precedente.

```
#!/usr/bin/Ruby
require 'sqlite3'

begin

    db = SQLite3::Database.open("database.db")
    stat = db.prepare "SELECT * FROM Rubrica LIMIT 4"
    set_dati = stat.execute

    set_dati.each do |riga|
        puts riga.join "\s"
    end

rescue SQLite3::Exception => errore

    puts "Rilevata eccezione"
    puts errore
ensure
```

```
        db.close if db
    end
```

Come sempre, analizziamo nel dettaglio riga per riga, il codice appena proposto. Ancora una volta, dopo aver incluso il modulo 'sqlite3' ci occupiamo di stabilire la connessione con il database 'database.db':

```
db = SQLite3::Database.open("database.db")
```

Prepariamo allora un'istruzione SQL per l'esecuzione con il metodo **prepare**, in questo modo il metodo restituirà un oggetto statement. A questo punto l'istruzione SQL viene eseguita utilizzando il metodo **execute**. Esso restituisce un set di risultati, dove l'oggetto ResutlSet è un semplice cursore sui dati che la query restituisce:

```
stat = db.prepare "SELECT * FROM Rubrica LIMIT 4"
set_dati = stat.execute
```

In seguito con il metodo **each** attraversiamo i dati restituiti nel set di risultati; in ogni ciclo, è restituita una riga, che rappresenta un array di campi. Questi campi sono uniti con uno spazio vuoto, per formare una linea:

```
set_dati.each do |riga|
    puts riga.join "\s"
end
```

La parte restante del codice è inserita per gestire eventuali eccezioni, ed infine ci preoccupiamo di chiudere il database:

```
rescue SQLite3::Exception => errore

    puts "Rilevata eccezione"
    puts errore

ensure
    db.close if db
```

Il risultato è riportato nella Figura 10.3.
La soluzione che abbiamo analizzato, nelle righe precedenti, ci consente di recuperare tutti i record presenti nella tabella specificata, nel limite imposto dall'istruzione LIMIT.

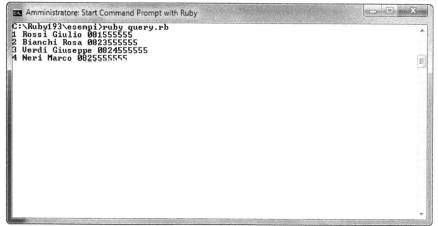

Figura 10.3 – Recupero dei dati da una tabella

Ma nella pratica di tutti i giorni, avremo spesso la necessità di recuperare solo specifiche informazioni da una base di dati, vediamo allora
come estrarre un singolo record o meglio ancora un solo valore.
A tal proposito Ruby offre due metodi per il recupero di una riga o di
un valore: **get_first_row** e **get_first_value**. Nel primo esempio, vedremo come estrarre una singola riga da una tabella:

```ruby
#!/usr/bin/Ruby

require 'sqlite3'

begin

    db = SQLite3::Database.open "database.db"

    riga = db.get_first_row "SELECT * FROM Rubrica WHERE Id=1"
    puts riga.join "\s"

rescue SQLite3::Exception => errore

    puts "Rilevata eccezione"
    puts errore

ensure
    db.close if db
end
```

Nel codice appena proposto dopo aver incluso il modulo sqlite3 ci
preoccupiamoci di stabilire la connessione con il database:

```ruby
require 'sqlite3'

db = SQLite3::Database.open "database.db"
```

Il metodo **get_first_row** recupera la prima riga, che risponde alle specifiche imposte dall'istruzione SELECT, e scarta tutte le altre righe, quindi stampa a video il risultato della query:

```
riga = db.get_first_row "SELECT * FROM Rubrica WHERE Id=1"
puts riga.join "\s"
```

Come negli altri esempi, la parte restante del codice è inserita per gestire eventuali eccezioni, e per chiudere il database:

```
rescue SQLite3::Exception => errore

    puts "Rilevata eccezione"
    puts errore

ensure
    db.close if db
```

Per estrarre un singolo valore utilizzeremo il metodo **get_first_value**, vediamolo in un esempio:

```
#!/usr/bin/Ruby

require 'sqlite3'

begin

    db = SQLite3::Database.open "database.db"

    valore = db.get_first_value "SELECT Telefono FROM Rubrica WHERE
             Cognome='Rossi'"
    puts valore

rescue SQLite3::Exception => errore

    puts "Rilevata eccezione"
    puts errore

ensure
    db.close if db
end
```

Tralasciando la prima parte dello script, già ampiamente descritta negli esempi precedenti, passiamo ad analizzare il metodo **get_first_value** che, come già anticipato, ci consente di estrarre un singolo valore:

```
valore = db.get_first_value "SELECT Telefono FROM Rubrica WHERE
         Cognome='Rossi'"
puts valore
```

In esso, è formulata la query attraverso l'utilizzo dell'istruzione SELECT, che recupera il campo 'Telefono', del record in cui al campo 'Cognome' corrisponde il valore 'Rossi'. Tale valore poi è stampato a video tramite l'istruzione puts.

Le istruzioni SQL sono spesso costruite in modo dinamico, nel senso che un utente fornisce un certo input e questo ingresso è incorporato nella dichiarazione. In tal caso il programmatore deve essere estremamente cauto, ogni volta che si occupa di un ingresso fornito da un utente, in quanto a tale operazione sono associate alcune gravi implicazioni per la sicurezza. Il metodo consigliato per creare dinamicamente istruzioni SQL è di utilizzare il parametro **binding**.

Quando si eseguono delle operazioni di fusione di parametri, è opportuno creare un segnaposto nella dichiarazione; il segnaposto rappresenta una sorta di marchio nell'istruzione SQL (si tratta spesso di un punto interrogativo?).
In seguito il parametro è associato al segnaposto con un parametro di binding, del tipo execute, query o methods. I parametri di binding preservano il programma dalle **SQL injection,** che sfruttano l'inefficienza dei controlli sui dati ricevuti in input per inserire codice maligno all'interno di una query SQL. Tale operazione è effettuata automaticamente allorché si incontrano alcuni caratteri speciali e permette loro di essere gestiti correttamente.
Le prestazioni del database sono spesso migliorate quando gli statement sono stati preparati e i relativi parametri legati prima dell'esecuzione dell'istruzione. Nel modulo Ruby sqlite3, le dichiarazioni sono sempre preparate attraverso l'impiego del metodo **prepare.**
Anche se non effettuiamo la chiamata a tale metodo, ma invochiamo direttamente il metodo **execute** dell'oggetto database, l'istruzione viene preparata da parte del modulo di Ruby sqlite3 prima che la stessa venga mandata in esecuzione.
Per meglio comprendere tale tecnica analizziamo nel dettaglio il seguente script:

```
#!/usr/bin/Ruby

require 'sqlite3'

begin

    db = SQLite3::Database.new "database.db"

    cognome = "Rossi"

    stm = db.prepare "SELECT * FROM Rubrica WHERE Cognome = ?"
    stm.bind_param 1, cognome
```

```
      risultati = stm.execute

      riga = risultati.next
      puts riga.join "\s"

  rescue SQLite3::Exception => errore

      puts "Rilevata eccezione"
      puts errore

  ensure
      stm.close if stm
      db.close if db
  end
```

L'esempio seleziona una riga della tabella Rubrica con un cognome specifico; si tratta di un valore che potrebbe provenire da un utente, ad esempio, da un modulo HTML:

```
cognome = "Rossi"
```

Si passa quindi alla formulazione della query, dove il punto interrogativo ? rappresenta un segnaposto per il valore:

```
stm = db.prepare "SELECT * FROM Rubrica WHERE Cognome = ?"
```

Con il metodo **bind_param**, la variabile **cognome** è associata al segnaposto inserito nella dichiarazione. Il metodo **execute** restituisce poi il set di risultati:

```
stm.bind_param 1, cognome
risultati = stm.execute
```

Infine viene stampato a video, l'intero record individuato dalla query, nel nostro caso:

```
1 Rossi Giulio 081555555
```

Le transazioni SQLite in Ruby

Le transazioni, in altre parole, le unità elementari (logiche) di lavoro svolte da un'applicazione, sono una delle caratteristiche fondamentali di un database relazionale.

Sono, infatti, quel meccanismo che consente di mantenere, durante la vita della nostra base dati, tutte le nostre informazioni consistenti. Durante le operazioni di modifica (scrittura, aggiornamento, cancellazione) delle nostre tabelle le transazioni fanno sì che nessuna di queste avrà effetto fino a quando i nuovi valori non saranno effettivamente scritti sulla base dati stessa.

Ogni transazione è specificata racchiudendo una sequenza di operazioni, che fanno quindi parte della stessa unità di lavoro, in una coppia di istruzioni: una di inizio e una di conclusione. Se si sono eseguite tutte le operazioni senza riscontrare anomalie, si esegue un'istruzione detta di "commit", per confermare la transazione.

Una transazione è caratterizzata da proprietà cosiddette "acide" (dall'acronimo inglese ACID), ovvero:
- **Atomic** (atomicità): una transazione è un'unità indivisibile, ovvero se anche solo un'istruzione non dovesse andare a buon fine anche tutte le altre non andranno a buon fine. Grazie a questa caratteristica in presenza di qualsiasi guasto prima del commit, il motore del database eliminerà tutti gli effetti della transazione stessa ripristinando lo stato iniziale, come se nulla fosse successo.
- **Consistent** (consistenza): l'esecuzione non deve violare nessun vincolo di integrità, ovvero non ci si può permettere di perdere la consistenza dei dati. Ovvero l'esecuzione della transazione porterà la base dati da uno stato consistente a un altro, nel rispetto di tutti i vincoli d'integrità definiti.
- **Isolated** (isolamento): l'esecuzione è assolutamente indipendente da altre esecuzioni di altre transazioni.
- **Durable** (persistenza / durata): i dati committati, quindi le modifiche che vengono materializzate fisicamente all'interno della base dati, non devono essere persi. Questa proprietà richiede che l'effetto prodotto da una transazione che ha effettuato un'operazione di commit non venga perso.

SQLite supporta tre livelli di transazione non standard: **deferred, immediate**, ed **exclusive**. Vediamo allora uno script che lavora con le transazioni in modalità **autocommit**, in tale modalità le modifiche risultano immediatamente efficaci.

```ruby
#!/usr/bin/Ruby

require 'sqlite3'

begin
  db = SQLite3::Database.open "database.db"
```

```
      db.execute "DROP TABLE IF EXISTS Parenti"
      db.execute "CREATE TABLE Parenti (Id INTEGER PRIMARY KEY, Nome TEXT)"
      db.execute "INSERT INTO Parenti (Nome) VALUES ('Tiziana')"
      db.execute "INSERT INTO Parenti (Nome) VALUES ('Luigi')"
      db.execute "INSERT INTO Parenti (Nome) VALUES ('Simone')"
      db.execute "INSERT INTO Parenti (Nome) VALUES ('Valentina')"
      db.execute "INSERT INTO Parenti (Nome) VALUES ('Mariateresa')"

   rescue SQLite3::Exception => errore

      puts "Rilevata eccezione"
      puts errore

   ensure
      db.close if db
   end
```

Tralasciando ancora una volta le sezioni già descritte in precedenza, concentriamoci sulla sezione di creazione della tabella. In questo script creiamo una tabella di nome Parenti e ci occupiamo di riempirla di dati. In esso non iniziamo esplicitamente una transazione, né invochiamo i metodi commit o rollback. Eppure, i dati vengono comunque scritti nella tabella. Questo perché la modalità predefinita di lavoro è auto-commit. In questo modo ogni istruzione SQL è immediatamente efficace.

```
   db.execute "DROP TABLE IF EXISTS Parenti"
   db.execute "CREATE TABLE Parenti (Id INTEGER PRIMARY KEY, Nome TEXT)"
```

In queste due linee di codice ci occupiamo di eliminare la tabella Parenti se esiste già, dopodichè creiamo la tabella con l'istruzione CREATE TABLE. Quindi iniziamo a popolare la tabella con le seguenti istruzioni:

```
   db.execute "INSERT INTO Parenti (Nome) VALUES ('Tiziana')"
   db.execute "INSERT INTO Parenti (Nome) VALUES ('Luigi')"
   db.execute "INSERT INTO Parenti (Nome) VALUES ('Simone')"
   db.execute "INSERT INTO Parenti (Nome) VALUES ('Valentina')"
   db.execute "INSERT INTO Parenti (Nome) VALUES ('Mariateresa')"
```

Dopo aver eseguito lo script, verifichiamo di aver correttamente creato e popolato la Tabella Parenti, utilizzando la shell di comando di SQLite3:

```
   >sqlite3 database.db
   SQLite version 3.8.7.1 2014-10-29 13:59:56
   Enter ".help" for usage hints.
   sqlite> select * from Parenti;
```

```
1|Tiziana
2|Luigi
3|Simone
4|Valentina
5|Mariateresa
sqlite>
```

Nel secondo esempio si inizierà una transazione con il metodo **transac-tion**. Allo stesso modo di quanto fatto in precedenza, creiamo la tabel-la **Parenti** e la popoliamo, ma il tutto viene fatto a valle della chiamata al metodo **transaction**, e prima della chiamata del metodo **commit**. Quindi o vengono effettuati tutti i cambiamenti o non viene salvato nulla; questa è l'idea alla base delle transazioni.

```
#!/usr/bin/Ruby

require 'sqlite3'

begin

  db = SQLite3::Database.open "database.db"

  db.transaction
  db.execute "DROP TABLE IF EXISTS Parenti"
  db.execute "CREATE TABLE Parenti (Id INTEGER PRIMARY KEY, Nome TEXT)"
  db.execute "INSERT INTO Parenti (Nome) VALUES ('Tiziana')"
  db.execute "INSERT INTO Parenti (Nome) VALUES ('Luigi')"
  db.execute "INSERT INTO Parenti (Nome) VALUES ('Simone')"
  db.execute "INSERT INTO Parenti (Nome) VALUES ('Valentina')"
  db.execute "INSERT INTO Parenti (Nome) VALUES ('Mariateresa')"
  db.commit

rescue SQLite3::Exception => errore

  puts "Rilevata eccezione"
  puts errore
  db.rollback

ensure
  db.close if db
end
```

Vediamo allora le istruzioni nuove che abbiamo incontrato:

```
db.transaction
```

Come già detto il metodo transaction, inizia una nuova transazione; ta-le metodo accetta un parametro opzionale **mode**, con il quale siamo in grado di specificare il livello di transazione (il livello predefinito è defer-red).

```
db.commit
```

Con tale istruzione le modifiche vengono scritte nel database; se abbiamo commentato la linea, le modifiche non verranno salvate.

```
db.rollback
```

In caso di errore, le modifiche apportate saranno annullate.

Capitolo undicesimo
Creare delle GUI con Ruby

Il linguaggio Ruby ci fornisce gli strumenti necessari a creare le cosiddette interfacce grafiche dell'utente (GUI, Graphical User Interface), ossia finestre grafiche in cui è possibile inserire menu, bottoni, testo, grafici ecc. che consentono di manipolare in modo interattivo, con l'utilizzo del mouse e della tastiera, una qualsiasi applicazione realizzata.

A tale proposito, Ruby ha diversi tools che ci permettono di creare delle finestre del tutto simili a quelle create con linguaggi di programmazione visuali tipo Visual Basic, con le quali la gestione interattiva di un'applicazione diventa intuitiva, semplice ed estremamente veloce.

Una GUI può essere creata per diversi motivi; in ogni caso il suo utilizzo si rende particolarmente utile per introdurre informazioni ausiliarie o per indirizzare il nostro processo in una particolare direzione. Risulta evidente che una costruzione di questo tipo è tipica della programmazione Windows, che come è noto fa largo uso di interfacce grafiche proprio per l'utilizzo intuitivo che le contraddistingue.
Infatti, con l'utilizzo di una GUI sarà molto semplice, ad esempio, manipolare un grafico una volta tracciata la curva, senza dover digitare nuovamente i numerosi comandi che ci aiutano nella realizzazione di diagrammi di livello professionale.

Una GUI risulterà altrettanto utile nel momento in cui il programma richiederà l'impostazione di una serie di parametri, che in tal caso, basterà scegliere dalle opportuni voci del menu; in questo modo l'utente non sarà obbligato a conoscere i comandi del linguaggio che gli permettono di settare le impostazioni.

Quando si crea una GUI è opportuno sviluppare il progetto secondo le seguenti fasi:
- Progetto dell'aspetto dell'interfaccia. In questa fase ci dedicheremo alla scrittura del codice che determina ciò che l'utente vedrà sullo schermo dell'elaboratore.

- Impostazione del funzionamento dell'interfaccia. A questo punto ci si soffermerà sulla scritttura del codice che realizzerà i compiti del programma.
- Connessione della parte grafica con il funzionamento. Rappresenta la parte fondamentale dell'intero progetto in quanto il codice realizzato in questa fase si occuperà di associare ciò che l'utente vede al codice che è stato scritto per eseguire i compiti del programma.
- Input dell'utente. In quest'ultima fase dovremo scrivere del codice che rimanga in attesa di ingresso dall'utente.

Il lavoro dell'interfaccia grafica viene eseguito dai cosiddetti gestori di eventi («event handlers») che rappresentano le parti di codice nelle quali sono specificate le funzioni che realizzano una particolare azione.

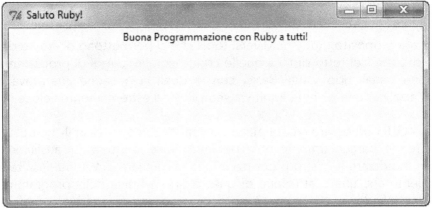

Figura 11.1 – Esempio di GUI

Gli eventi sono gli ingressi, come le pressioni dei tasti dei dispositivi di puntamento o della tastiera. Queste parti si chiamano gestori in quanto gestiscono appunto tali eventi. L'accoppiamento fra un gestore di eventi e un widget si dice collegamento o binding.

Pacchetti per la creazione di GUI

Nella realizzazione di interfacce grafiche, per rendere il lavoro del programmatore più semplice, sono stati implementati diversi moduli che permettono di aggiungere ad un programma Ruby finestre con menu e bottoni. È opportuno precisare che la costruzione di un'interfaccia grafica non richiede necessariamente la presenza di un GUI builder, cioè di un costruttore di GUI che permetta la costruzione visuale della interfaccia stessa.

Glade (Figura 11.3), rappresenta un classico esempio di GUI builder: nel suo ambiente la finestra grafica viene disegnata visualmente trascinando i widgets, ovvero tutti i vari elementi della interfaccia, buttons, labels ecc. Quindi, in modo del tutto nascosto all'utente, il GUI builder procede in automatico alla creazione del codice che andrà generalmente personalizzato attraverso l'editazione di opportune proprietà del widgets. In alternativa potremmo creare l'interfaccia grafica direttamente da codice, senza passare per un GUI builder che ha pur sempre dei limiti in quanto a flessibilità e opzioni disponibili.

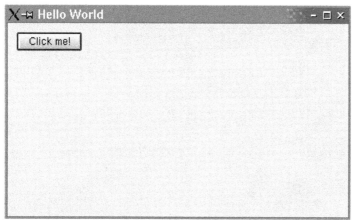

Figura 11.2 – Esempio di GUI realizzata con wxRuby

Detto questo vediamo ora quali sono i pacchetti disponibili per la creazione di GUI, più utilizzati dai programmatori Ruby. Iniziamo ovviamente da Tk che rappresenta la libreria più utilizzata dagli utenti Ruby, se non fosse altro perchè viene inclusa come modulo nativo, nella maggior parte delle distribuzioni per i vari sistemi operativi in cui esiste questo linguaggio. Si tratta di un modulo che ci permette di interfacciare Ruby a X-Windows.

Questa libreria deve essere utilizzata da coloro che intendono sviluppare interfacce grafiche multipiattaforma, quindi programmi che devono girare sotto Unix, Linux, Windows e anche sotto Mac. Tk (conosciuto anche come pTk o ptk) è una raccolta di moduli e codice che cerca di combinare il toolkit di widget Tk semplice da configurare, alle potenti capacità lessicografiche, di memoria dinamica, I/O e orientate agli oggetti di alcuni linguaggi di programmazione. In altre parole, è un linguaggio di scripting interpretato per realizzare widget e programmi con GUI (Graphical User Interfaces - interfacce utente grafiche).

Passiamo poi a descrivere wxRuby che rappresenta l'interfaccia Ruby alle classi definite nelle librerie wxWidgets scritte originariamente per il linguaggio C++. La libreria è molto completa e sofisticata, multipiatta-forma (Windows, OS x, Linux) e disponibile con licenza LGPL. D'altra parte presenta una sintassi diversa rispetto a quella prevista da Ruby che richiede quindi un certo impegno nell'apprendimento. Offre però un'interfaccia molto potente, con numerosissimi widgets dall'aspetto molto accattivante e dispone di diversi GUI builder.

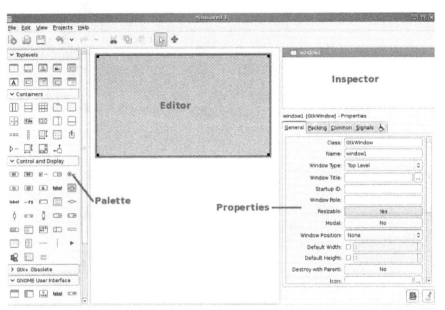

Figura 11.3 – Glade: GUI Builder per Ruby

GTK rappresenta invece l'interfaccia Ruby alle librerie GTK+, utilizzate da GNOME per il desktop di Linux. Offre pieno supporto a Windows e Linux ma solo parziale per OS X sotto licenza LGPL. Il toolkit si presenta relativamente semplice e naturale ma, forse a causa della limitata documentazione è sicuramente la soluzione meno diffusa tra quelle fin qui viste. Dispone di diversi GUI builder che ne facilitano l'impiego.

Con QTRuby poi si è realizzata l'interfaccia Ruby alle librerie QT, creando in questo modo il toolkit più usato dopo Tkinter e wxRuby. Realizzata per funzionare in ambiente Linux è in seguito divenuta disponibile anche per Windows e OS X. Si presenta molto ricca ma abbastanza complessa nel suo utilizzo.

Disponibile sotto licenza GPL permette la distribuzione di applicazioni solo open source altrimenti deve essere acquistata una licenza commerciale. Anch'essa dispone di diversi GUI builder.

Figura 11.4 – La libreria gtk+

Introduzione a Tk

La costruzione di interfacce grafiche non rappresenta un'attività così semplice, come a prima vista potrebbe sembrare. Una volta che si sono compresi i concetti di base nel suo utilizzo, l'immediata applicazione degli stessi in un esempio pratico, ci aiuterà nel superare i principali ostacoli che si presenteranno nella costruzione di GUI.

Non tutte le applicazioni Tk devono essere necessariamente complesse; possiamo ad esempio partire da una semplice finestra di dialogo realizzata per automatizzare una procedura utilizzata frequentemente nel nostro lavoro.

Gli strumenti che sono utilizzati per creare importanti applicazioni, possono rivelarsi particolarmente utili anche per creare semplici applicazioni, che ci guideranno nell'apprendimento delle librerie più utilizzate. La prima cosa da capire è che molti GUI frameworks, tra cui Tk, si basano sul concetto di widget. Un widget è un componente di una GUI quali bottoni, etichette e caselle di testo; un widget può scatenare un'evento e ad ogni evento associato a un widget è a sua volta associato un metodo che lo gestisce.

La maggior parte dei widget hanno delle rappresentazioni grafiche sullo schermo, ma alcuni widget, come table e boxes, sono stati creati solo per contenere altri widget e disporli in modo corretto sullo schermo, fungono cioè da contenitori.

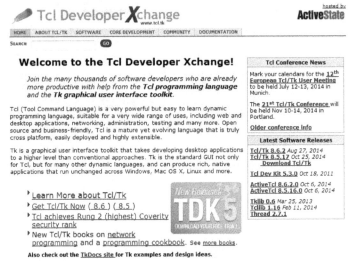

Figura 11.5 – La libreria Tk

Una GUI è costruita quindi attraverso una sistemazione di widgets sullo schermo.

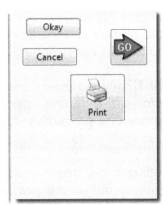

Figura 11.6 – Esempi di widget della libreria TK

Le GUI sono di solito strutturate come una gerarchia di widget e altri elementi di controllo. Il frame di più alto livello che coincide con la finestra dell'applicazione contiene al suo interno frame che a loro volta contengono altri frame o elementi di controllo. Tutti questi elementi possono essere visualizzati sotto forma di una struttura ad albero in cui ciascun elemento ha un solo padre ed un numero variabile di figli. Tutta questa struttura viene memorizzata all'interno dei widget in modo che il programmatore, o più semplicemente lo stesso ambiente GUI, possa applicare un'operazione ad un elemento di controllo ed a tutti i suoi figli.

Per organizzare gli elementi di controllo all'interno di un frame si sfrutta il concetto di layout, secondo il quale l'aspetto grafico dell'interfaccia che si realizza, segue un particolare modello di disposizione. La disposizione può essere specificata in tanti modi diversi, ad esempio usando le coordinate dello schermo specificate in numero di pixel, usando la posizione relativa rispetto ad altri componenti, ovvero utilizzando una disposizione a griglia o a tabella. Il sistema basato su coordinate risulta facile da comprendere tuttavia difficile da utilizzare nel momento in cui ad una finestra vengono cambiate le dimensioni.

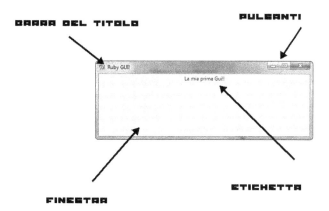

Figura 11.7 –Esempio di GUI realizzata con Tk

Per meglio comprendere i concetti appena introdotti, vedremo un semplice esempio nel quale si crea una semplice interfaccia grafica definendo alcuni widget e mettendoli l'uno dentro l'altro.
Lo script di seguito riportato crea una GUI costituita da una semplice finestra con un'etichetta. Nell'etichetta presente nella finestra viene visualizzato un messaggio:

```
#!/usr/bin/Ruby

require 'tk'

root = TkRoot.new { title "Ruby GUI!" }
TkLabel.new(root) do
    text 'La mia prima Gui!!'
    pack { padx 30 ; pady 30; side 'left' }
end
```

186 Guida alla programmazione con Ruby

```
Tk.mainloop
```

Il risultato lo vediamo nella Figura 11.7, nella quale è possibile notare la finestra che contiene l'etichetta con il messaggio specificato nello script. La finestra può essere agevolmente ridimensionata attraverso il tasto sinistro del mouse.

I Widget in Tk

Un widget, è un componente grafico di una interfaccia utente di un programma, che ha lo scopo di facilitare l'interazione con il programma stesso, eseguendo delle azioni. Nel corso degli anni, l'uso dei widget è diventato uno standard in tutti i toolkit disponibili sulle diverse piattaforme dei sistemi operativi. Esempi di widget sono: un pulsante, una casella di controllo o una barra di scorrimento. Tk dispone di una serie di widget che analizzeremo nel dettaglio.

Tutti i widget posseggono un certo numero di opzioni di configurazione, che in genere controllano il modo in cui vengono visualizzate o come si comportano. Le opzioni disponibili dipendono dalla classe del widget.Tali opzioni vanno dichiarate nella parte iniziale del codice, vediamo a tal proposito un esempio:

```
TkFrame.new {
    ..... Opzioni Standard....
    ..... Opzioni Specifiche....
}
```

Di seguito è riportato un elenco di tutte le opzioni di configurazione standard che potrebbero essere applicabili a qualsiasi widget Tk.

Opzioni di configurazione standard
1. activebackground => Stringa
Specifica il colore di sfondo da utilizzare al momento di elaborare elementi attivi. Un elemento è attivo se il cursore del mouse è posizionato sull'elemento e premendo un pulsante del mouse causerà il verificarsi di qualche azione. È possibile utilizzare i nomi dei colori come "red", "blue", "pink", "yellow" etc.

2. activeborderwidth => Intero
Specifica un valore non negativo che indica la larghezza del bordo 3-D disegnata intorno agli elementi attivi.

3. activeforeground => Stringa
Specifica il colore di primo piano da usare al momento di elaborare e-
lementi attivi.

4. anchor => Stringa
Specifica la posizione in cui le informazioni in un widget (ad esempio
testo o un'immagine bitmap) devono essere visualizzate. Deve assumere uno dei valori n, ne, e, se, s, sw, w, nw, o center.
Ad esempio, nw significa visualizzare le informazioni in modo che il suo
angolo superiore sinistro si trovi nell'angolo in alto a sinistra del widget.

5. background oppure bg => Stringa
Specifica il colore di sfondo da utilizzare per la visualizzazione del widget.

6. bitmap => Bitmap
Specifica una bitmap da visualizzare nel widget. Il modo esatto in cui
viene visualizzata la bitmap può essere influenzata da altre opzioni come anchor o justify.

7. BorderWidth o bd => Intero
Specifica un valore non negativo che indica la larghezza del bordo 3-D
che viene disegnato intorno alla parte esterna dell'oggetto.

8. compound => Stringa
Specifica se il widget deve visualizzare del testo e delle bitmap allo
stesso tempo, e in caso affermativo, specifica dove la bitmap deve essere posizionata in relazione al testo. Può assumere uno dei valori none, bottom, top, left, right, o center.

9. Cursor => Stringa
Specifica il cursore del mouse da utilizzare per il widget. I valori possibili sono: "watch", "arrow" etc.

10. disabledforeground => Stringa
Specifica il colore di primo piano da usare al momento di elaborare un
elemento disabilitato.

11. exportselection => booleano
Specifica se una selezione nel widget deve essere identificata come selezione X. Il valore può essere **true**, **false**, **0**, **1**, **yes**, o **no**.

12. font => Stringa
Specifica il tipo di carattere da utilizzare in sede di elaborazione del testo all'interno del widget.

13. foreground o fg => Stringa
Specifica il colore di primo piano da utilizzare per la visualizzazione del widget.

14. highlightbackground => Stringa
Specifica il colore da visualizzare nella regione del Frame quando il widget non ha il focus.

15. highlightcolor => Stringa
Specifica il colore da utilizzare per evidenziare il rettangolo che viene disegnato intorno al widget quando questo ha il focus.

16. highlightthickness => Intero
Specifica un valore non negativo che indica la larghezza del rettangolo di evidenziazione che è disegnato intorno alla parte esterna del widget quando ha questo il focus.

17. image => Immagine
Specifica un'immagine da visualizzare nel widget, in genere, se tale opzione è specificata, allora prevale su altre opzioni che specificano un valore bitmap o di testo da visualizzare nel widget.

18. jump => Stringa
Per i widget con un cursore che può essere trascinato per regolarne il valore, come ad esempio le barre di scorrimento e scale, questa opzione determina come le notifiche sono fatte circa le variazioni del valore. Il valore dell'opzione deve essere di tipo booleano.
Se il valore è false, gli aggiornamenti vengono effettuati continuamente mentre il cursore viene trascinato.
Se il valore è true, gli aggiornamenti vengono ritardati fino a quando il pulsante del mouse viene rilasciato; a quel punto viene effettuata una singola notifica.

19. justify => Stringa
Quando ci sono più righe di testo visualizzate in un widget, questa opzione ne determina l'allineamento. Può assumere i valori left, center, o right.

20. offset => Stringa
Specifica l'offset delle tiles. Può assumere due formati diversi offset x,y
o offset side, dove il termine side può essere n, ne, e, se, s, sw, w, nw,
o center.

21. orient => Stringa
Per i widget che possono assumere un orientamento orizzontale o verticale, come ad esempio le barre di scorrimento, questa opzione specifica l'orientamento da utilizzare. Il suo valore deve essere horizontal o
vertical o un'abbreviazione di essi.

22. padx => Intero
Specifica un valore non negativo che indica la quantità di spazio in più
da inserire nel widget nella direzione X.

23. pady => Intero
Specifica un valore non negativo che indica la quantità di spazio in più
da inserire nel widget in direzione Y.

24. relief => Intero
Specifica l'effetto 3-D desiderato per il widget. I valori accettabili sono
raised, sunken, flat, ridge, e groove.

25. repeatDelay => Intero
Specifica il numero di millisecondi che un pulsante o un tasto deve essere tenuto premuto prima che inizi la ripetizione automatica del carattere selezionato. Può essere utilizzato, ad esempio, sulle frecce verso il
basso e l'alto e nelle barre di scorrimento.

26. repeatInterval => Intero
Utilizzato in combinazione con repeatDelay: una volta iniziata la ripetizione automatica, questa opzione determina il numero di millisecondi
tra le ripetizioni.

27. selectbackground => Stringa
Specifica il colore di sfondo da utilizzare durante la visualizzazione di
elementi selezionati.

28. selectborderwidth => Intero
Specifica un valore non negativo che indica la larghezza del bordo 3-D
da disegnare intorno agli elementi selezionati.

29. selectforeground => Stringa
Specifica il colore di primo piano da utilizzare durante la visualizzazione di elementi selezionati.

30. setgrid => booleano
Specifica un valore booleano che determina se questo widget controlla la griglia di ridimensionamento per la sua finestra di primo livello. Questa opzione viene generalmente utilizzata nei widget di testo, in cui le informazioni nel widget hanno una dimensione fisica (la dimensione di un carattere) e ha senso quando le dimensioni della finestra risultano mutipli interi di queste unità.

31. takefocus => Intero
Fornisce informazioni utilizzate quando si sposta il focus da una finestra all'altra tramite l'utilizzo della tastiera (ad esempio, Tab e Shift-Tab).

32. text => Stringa
Specifica una stringa da visualizzare all'interno del widget. Il modo in cui viene visualizzata la stringa dipende dal tipo di widget e può essere determinata da altre opzioni, come anchor o justify.

33. textvariable => Variabile
Specifica il nome di una variabile. Il valore della variabile è una stringa di testo da visualizzare all'interno del widget. Il modo in cui viene visualizzata la stringa dipende dal tipo di widget e può essere determinata da altre opzioni, come anchor or justify.

34. tile => Immagine
Specifica l'immagine utilizzata per visualizzare il widget. Se l'opzione immagine è una stringa vuota, allora viene visualizzato il normale colore di sfondo.

35. troughcolor => Stringa
Specifica il colore da utilizzare per le zone rettangolari del widget come barre di scorrimento e scale.

36. troughtile => Immagine
Specifica l'immagine utilizzata per visualizzare le zone rettangolari del widget come barre di scorrimento e scale.

37. underline => Intero
Specifica l'indice intero di un carattere da sottolineare nel widget. Questa opzione viene utilizzata nei collegamenti predefiniti per l'utiliz-

zo della tastiera, per i pulsanti di menu e voci di menu. 0 corrisponde al primo carattere del testo visualizzato nel widget, 1 al carattere successivo, e così via.

38. wraplength => Intero
Per i widget in grado di eseguire ritorno a capo automatico, questa opzione specifica la lunghezza massima della linea.
39. xscrollcommand => funzione
Specifica una callback usata per comunicare con le barre di scrorimento orizzontali.

40. yscrollcommand => funzione
Specifica un callback usata per comunicare con le barre di scorrimento verticali.

Il widget TKFrame

Un widget TKframe rappresenta un contenitore che mostra un semplice rettangolo; è utilizzato principalmente come contenitore per altri widget, che sono sotto il controllo di un gestore di geometria quale ad esempio una griglia. Le uniche caratteristiche di un frame sono il suo colore di sfondo e un bordo opzionale 3-D tale da rendere il frame in rilievo.
La sintassi per creare un widget TKFrame è la seguente:

```
TkFrame.new {
    ..... Opzioni Standard....
    ..... Opzioni Specifiche....
}
```

Abbiamo già detto che un Frame è un contenitore mentre lo spazio al suo interno, detto cavità, presenta delle caratteristiche elastiche, nel senso che possono essere modificate ridimensionando la finestra. Se non si specifica una dimensione minima o massima per il riquadro, la cavità si adatterà a ciò che in essa è contenuto, quindi se all'interno del Frame vengono riposti dei widget allora il riquadro si ridimensionerà in modo da occupare lo spazio strettamente necessario a contenere i widget, altrimenti limiterà il suo spazio al minimo indispensabile.
Un frame, come tutti gli altri widget, dispone di un grande numero di attributi visuali (dimensioni, colori, tipo e dimensione dei bordi, font etc). Per impostare e configurare tali attributi, che vengono denominati anche option, è necessario inserire i relativi valori negli spazi previsti. A tal proposito vediamo quali sono le opzioni previste per tale widget.

Le opzioni standard disponibili per tale widget sono (con il significato riportato nel paragrafo precedente):
- Borderwidth
- Highlightbackground
- Highlightthickness
- Takefocus
- Highlightcolor
- Relief
- Cursor

Mentre le opzioni specifiche di questo widget sono:
1. background => Stringa
Questa opzione è uguale all'opzione sfondo standard, tranne che il suo valore può essere specificato come un valore indefinito. In questo caso, il widget verrà visualizzato senza sfondo o bordo.

2. colormap => Stringa
Specifica una mappa di colori da utilizzare per il Frame. Il valore assunto da tale opzione può essere new, nel qual caso viene creata una nuova mappa di colori per la finestra ei suoi figli, oppure il nome di un'altra finestra (che deve essere sullo stesso schermo), nel qual caso la nuova finestra userà la mappa colori già specificata. Se l'opzione mappa colori non è specificata, la nuova finestra utilizza la stessa mappa di colori assunta dalla finestra genitore.

3. container => booleano
Il valore deve essere di tipo booleano. Se è true, significa che questa finestra viene utilizzata come contenitore in cui verrà incorporata un'altra applicazione. La finestra non deve avere figli propri in questa applicazione.

4. height => Intero
Specifica l'altezza desiderata per la finestra in pixel o punti.

5. width => Intero
Specifica la larghezza desiderata per la finestra in pixel o punti.

Quando viene creato un nuovo frame, non ha eventi di binding di default: i frame non sono destinati ad essere interattivi. Ricordiamo a tal proposito, che un evento di binding si verifica quando la proprietà di un controllo viene associata a un valore di dati.

Per comprendere il funzionamento di un frame analizziamo lo script seguente nel quale utilizzeremo il widget TKFrame quale contenitore di tre bottoni che ci permetteranno di interagire con la finestra di terminale. In particolare il bottone 1 ci permetterà di scrivere sul terminale "hai premuto il bottone 1", il bottone 2 ci permetterà di scirvere sul terminale "hai premuto il bottone 2", mentre il bottone Esci ci consentirà di chiudere la finestra.

```ruby
#!/usr/bin/Ruby

require "tk"

f1 = TkFrame.new {
  relief 'sunken'
  borderwidth 3
  background "blue"
  padx 15
  pady 20
  pack('side' => 'left')
}
f2 = TkFrame.new {
  relief 'groove'
  borderwidth 1
  background "red"
  padx 10
  pady 10
  pack('side' => 'right')
}

TkButton.new(f1) {
  text ' Bottone_1'
  command {print "hai premuto il bottone 1!!\n"}
  pack('fill' => 'x')
}
TkButton.new(f1) {
  text 'Bottone_2'
  command {print "hai premuto il bottone 2!!\n"}
  pack('fill' => 'x')
}
TkButton.new(f2) {
  text 'Esci'
  command 'exit'
  pack('fill' => 'x')
}
Tk.mainloop
```

Analizzando il codice è possibile notare che vengono creati due frame, che verrano utilizzati, rispettivamente, per contenere i due bottoni che determinano delle scritte sul prompt e il bottone di chiusura della finestra. Il risultato è riportato nella Figura 11.8.

Il widget TKButton

Il widget Button è un widget standard, utilizzato per implementare i vari tipi di pulsanti. I pulsanti possono contenere testo o immagini; in particolare il testo può estendersi su più di una riga. Inoltre, può essere sottolineato, ad esempio, per contrassegnare una scorciatoia da tastiera. Per impostazione predefinita, il tasto Tab può essere utilizzato per passare da un widget ad un altro.

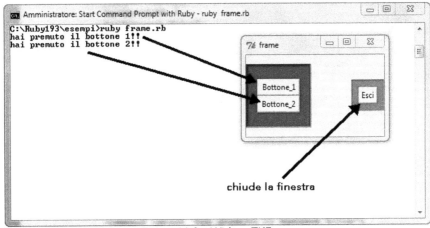

Figura 11.8 – Widget TKFrame

Ad essi può essere associata una funzione o un metodo che si attiva al suo click; quando cioè si preme il pulsante, Tk chiama automaticamente la funzione o il metodo. In questo modo si da all'utente la possibilità di interagire con la macchina, consentendoci di eseguire una certa azione. Un pulsante può apparire in tre modi diversi, a seconda dell'opzione state. Può risultare sollevato (raised), incavato (sunken), o piatto (flat) e può essere fatto lampeggiare.

Ecco una semplice sintassi per creare questo widget:

```
TkButton.new(root) {
    ..... Opzioni Standard....
    ..... Opzioni Specifiche....
}
```

Le opzioni standard disponibili per tale widget sono:
- activebackground
- activeforeground
- anchor
- background
- bitmap

- borderwidth
- cursor
- disabledforeground
- font
- foreground
- highlightbackground
- highlightcolor
- highlightthickness
- image
- justify
- padx
- pady
- relief
- repeatdelay
- repeatinterval
- takefocus
- text
- textvariable
- underline
- wraplength

Le opzioni specifiche di questo widget sono:

1. command => Stringa
Specifica un comando Ruby da associare al pulsante. Questo comando è in genere richiamato quando il tasto sinistro del mouse viene rilasciato sul pulsante. Qui è possibile associare un metodo di Ruby da eseguire quando si genera un clic del mouse.

2. compound => Stringa
Specifica se il tasto deve visualizzare sia l'immagine che il testo, e in caso affermativo, precisa dove l'immagine deve essere posizionata rispetto al testo. I valori validi per questa opzione sono bottom, center, left, none, right e top. Il valore predefinito è none, il che significa che il pulsante visualizzerà sia un'immagine che il testo, a seconda dei valori delle opzioni inseriti nell'immagine bitmap.

3. height => Intero
Specifica l'altezza desiderata per il pulsante.

4. state => Stringa
Specifica uno dei tre stati del pulsante: normal, active, o disabled. Nello stato normal, il pulsante viene visualizzato utilizzando le opzioni foreground e background. Lo stato active viene in genere utilizzato

quando il puntatore si trova sopra il pulsante. In stato active il pulsante viene visualizzato utilizzando le opzioni activeforeground e activebackground. Stato disabled significa che il pulsante deve risultare insensibile.

5. width => Intero
Specifica la larghezza desiderata per il pulsante.

La libreria Tk di Ruby crea automaticamente gli eventi di binding per i pulsanti che forniscono loro il seguente comportamento di default:
   - Un pulsante si attiva quando il mouse gli passa sopra e si disattiva quando viene rilasciato il tasto del mouse.
   - La proprietà relief di un pulsante viene modificata a sunken quando il tasto sinistro del mouse viene premuto, quindi il pulsante dall'aspetto in rilievo assumerà l'aspetto incavato, facendo in questo modo simulare l'operazione di pressione; il rilievo viene ripristinato al valore originale quando il tasto del mouse viene successivamente rilasciato.
   - Se il tasto sinistro del mouse viene premuto su un pulsante e poi rilasciato, il pulsante viene attivato. Tuttavia, se il mouse non si trova sopra il pulsante quando il tasto sinistro viene rilasciato, la procedura non avrà alcun effetto.
   - Quando un pulsante ha il focus di input, la barra spaziatrice fa sì che il pulsante possa essere richiamato.

Se lo stato del pulsante è disabilitato quindi nessuna delle azioni di cui sopra si verificano: il pulsante è completamente non attivo.
Vediamo allora un esempio: se si clicca sul tasto allora viene eseguito il metodo Ruby **procedura**.

```
#!/usr/bin/Ruby
#Encoding:ISO-8859-1

require 'tk'

def procedura
   puts "Il tasto è stato premuto."
   exit
end

root = TkRoot.new
bottone_OK = TkButton.new(root) do
   text "OK"
   borderwidth 5
   underline 0
   state "normal"
   cursor "watch"
   font TkFont.new('times 20 bold')
   foreground   "red"
```

```
      activebackground "blue"
      relief      "groove"
      command (proc {procedura})
      pack("side" => "right",  "padx"=> "50", "pady"=> "10")
  end
  Tk.mainloop
```

Figura 11.9 – Il widget Button

In tale script abbiamo dapprima definito un nuovo widget Button, quindi abbiamo utilizzato l'opzione command per invocare il metodo procedura che avevamo preventivamente definito.

Al click del mouse sul pulsante, è stampato a video il messaggio: "Il tasto è stato premuto." quindi viene eseguita l'istruzione exit che chiude la finestra attiva. Il risultato è riportato nella Figura 11.9.

Il widget TKLabel

Un'etichetta (Label) è un widget che contiene del testo o un'immagine, in modo che l'utente possa solo visualizzare, ma non interagire con esso. Le etichette vengono utilizzate per l'individuazione di controlli o di altre parti dell'interfaccia utente, fornendo un feedback o dei risultati testuali.
Come già detto un'etichetta può visualizzare una stringa di testo, una bitmap o un'immagine in genere. Se viene visualizzato del testo, deve essere tutto in un singolo font, ma può occupare più righe sullo schermo, e uno dei caratteri può opzionalmente essere sottolineato utilizzando l'opzione **underline**.

La sintassi per creare questo widget è la seguente:

```
TkLabel.new(root) {
    ..... Opzioni Standard....
    ..... Opzioni Specifiche....
}
```

Le opzioni standard disponibili per tale widget sono (con il significato proposto nei paragrafi precedenti):
- anchor
- background
- bitmap
- borderwidth
- cursor
- font
- foreground
- highlightbackground
- highlightcolor
- highlightthickness
- image
- justify
- padx
- pady
- relief
- takefocus
- text
- textvariable
- underline
- wraplength

Mentre le opzioni specifiche di questo widget sono:
1. height => Intero
Specifica l'altezza desiderata per l'etichetta.

2. width => Intero
Specifica la larghezza desiderata per l'etichetta.

Quando si crea una nuova etichetta, non le sono attribuite eventi di binding di default: le etichette non sono destinate ad essere interatti-ve. Vediamo allora un esempio:

```
#!/usr/bin/Ruby
#Encoding:ISO-8859-1

require 'tk'
$resultsVar = TkVariable.new
root = TkRoot.new
```

```
root.title = "Finestra"
Label = TkLabel.new(root) do
  textvariable
  borderwidth 5
  font TkFont.new('Arial 24 bold')
foreground  "blue"
  relief      "groove"
  pack("side" => "right",  "padx"=> "50", "pady"=> "50")
end

Label['textvariable'] = $resultsVar
$resultsVar.value = 'Impariamo Ruby partendo da zero'
Tk.mainloop
```

Analizziamo il codice: dopo aver importato il set di caratteri ISO-8859-1 e caricato il modulo di estensione TK, definiamo una nuova variabile globale che ci servirà per passare la stringa di testo da visualizzare nell'etichetta ($resultsVar).

Creiamo quindi una struttura di livello root usando una nuova istanza della classe TKRoot attraverso l'istruzione TkRoot.new. Attribuiamo un titolo alla nuova struttura (root.title = "Finestra"), e passiamo a creare l'etichetta:

```
Label = TkLabel.new(root) do
  textvariable
  borderwidth 5
  font TkFont.new('Arial 24 bold')
  foreground  "blue"
  relief      "groove"
  pack("side" => "right",  "padx"=> "50", "pady"=> "50")
end
```

In tale blocco di codice, vengono definite le proprietà che dovrà possedere la nostra etichetta, quindi la variabile testo (textvariable) che sarà destinata a contenere il testo da visualizzare, le dimensioni del bordo (borderwidth 5), il font da utilizzare (font TkFont.new('Arial 24 bold')), il colore del testo e la proprietà di visualizzazione ("groove"), infine lo spazio intorno al bordo della Label.

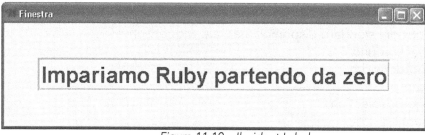

Figura 11.10 – Il widget Label

Nella parte finale dello script viene passato il testo da visualizzare nell'etichetta:

```
Label['textvariable'] = $resultsVar
$resultsVar.value = 'Impariamo Ruby partendo da zero'
```

Infine avviamo il ciclo degli eventi principale chiamando il metodo mainloop:

```
Tk.mainloop
```

Il risultato è riportato nella Figura 11.10.

Il widget TKEntry

Il widget TKEntry rappresenta una casella di testo che fornisce all'utente una finestra con un campo di testo a riga singola che si può utilizzare per editare informazioni testuali che verranno utilizzate dal programma. In tale campo possono essere inseriti ad esempio: il nome, una città, una password, numero di carta, e così via. Le caselle di testo, prevedono l'inserimento sia di una singola linea che di linee di testo multiple; se il testo eccede le dimensioni dell'oggetto sono anche supportate le barre di scorrimento.
Una casella di testo è rappresentata con un rettangolo (di qualsiasi dimensione), separato dal resto dell'interfaccia tramite dei bordi. Solitamente viene anche mostrata una linea verticale lampeggiante che indica dove verranno inseriti i caratteri digitati.

La sintassi per creare questo widget è la seguente:

```
TkEntry.new{
    ..... Opzioni Standard....
    ..... Opzioni Specifiche....
}
```

Le opzioni standard disponibili per tale widget sono:
- background
- borderwidth
- cursor
- exportselection
- font
- foreground

- highlightbackground
- highlightcolor
- highlightthickness
- justify
- relief
- selectbackground
- selectborderwidth
- selectforeground
- takefocus
- textvariable
- xscrollcommand

Mentre le opzioni specifiche di questo widget sono:
1. disabledbackground => Stringa
Specifica il colore di sfondo da utilizzare quando la casella è disattivata. Se questa opzione è una stringa vuota, viene utilizzato il normale colore di sfondo.

2. disabledforeground => Stringa
Specifica il colore di primo piano da usare quando la casella è disattivata. Se questa opzione è una stringa vuota, viene utilizzato il normale colore di primo piano.

3. readonlybackground => Stringa
Specifica il colore di sfondo da utilizzare quando la casella è di sola lettura. Se questa opzione è una stringa vuota, viene utilizzato il normale colore di sfondo.

4. show => Stringa
Se viene specificata questa opzione, i veri contenuti della casella non vengono visualizzati nella finestra. Invece, ogni carattere nel valore della casella viene visualizzato come primo carattere presente nel valore di questa opzione, come ad esempio un asterisco `` * ''. Ciò è utile, per esempio, se la casella deve essere utilizzata per immettere una password. Se il contenuto è selezionato e copiato altrove, le informazioni copiate saranno rappresentate da ciò che viene visualizzato, quindi non il vero contenuto della casella.

5. state => Stringa
Specifica uno dei tre stati per l'input: normal, disabled, o readonly. Se la voce è in sola lettura, il valore non può essere modificato utilizzando i comandi di widget e non verrà visualizzato alcun cursore di inserimento, anche se il focus è nel widget; in tal caso possono essere ancora se-

lezionati i contenuti del widget. Se la voce è disattivata, il valore non può essere modificato, non verrà visualizzato alcun cursore di inserimento, i contenuti non saranno selezionabili, e la voce può essere visualizzato in un colore diverso.

6. validate => Stringa
Specifica la modalità con cui la convalida opera: none, focus, focusin, focusout, key, o all. Il valore predefinito è none. Quando si desidera la convalida, è necessario indicare in modo esplicito la modalità che si desidera utilizzare.

7. validatecommand => Stringa
Specifica uno script da valutare quando si desidera convalidare l'immissione d'ingresso nel widget.

8. width => Intero
Specifica un valore intero che indica la larghezza desiderata della finestra di inserimento, misurata in caratteri di media grandezza del carattere utilizzato dal widget. Se il valore è minore o uguale a zero, il widget sceglie una dimensione abbastanza grande da contenere il testo immesso.

Per impostare in maniera corretta una casella di testo è necessario inserire un controllo per effettuare una validazione dell'input inserito dall'utente. Per confermare il valore immesso utilizzeremo l'opzione validatecommand applicata ad una callback che verrà valutato in base alle opzioni di validazione riportate di seguito:
- none: di default. Indica che non si verificherà alcuna convalida.
- focus: il comando validate sarà invocato quando la casella riceve/perde il focus.
- focusin: il comando validate sarà invocato quando la casella viene attivata.
- focusOut: il comando validate sarà invocato quando la casella perde lo stato attivo.
- key: il comando validate sarà invocato quando la casella viene modificata.
- all: il comando validate sarà invocato per tutte le condizioni di cui sopra.

Vediamo ora i metodi necessari per manipolare il contenuto di una casella:
- delete(first, ?last?): consente di eliminare uno o più elementi della casella. Il parametro first è l'indice del primo carattere da cancellare, e

last è l'indice del carattere presente dopo l'ultimo da eliminare. Se last non è specificato il valore predefinito è + 1, vale a dire un singolo carattere viene cancellato. Questo comando restituisce una stringa vuota.

- get: Restituisce una stringa contenente ciò che è stato immesso nella casella di testo.

- iCursor (index): posiziona il cursore di inserimento subito prima del carattere determinato in base all'indice. Restituisce una stringa vuota.

- index (index): restituisce l'indice numerico corrispondente all'indice.

- insert (index, string): Inserisce i caratteri della stringa prima del carattere indicato da index. Restituisce una stringa vuota.

- xview (args): questo comando viene utilizzato per interrogare e modificare la posizione orizzontale del testo nella finestra del widget.

La libreria Tk di Ruby crea automaticamente le associazioni con le classi, fornendo i seguenti binding di eventi.

Cliccando sul tasto sinistro del mouse si posiziona il cursore di inserimento appena prima del carattere sotto il puntatore del mouse, viene inoltre impostato il focus su questo widget, e si cancella qualsiasi selezione già presente nel widget. Il trascinamento con il pulsante sinistro del mouse determina una selezione tra il cursore di inserimento e il carattere sotto il mouse.

Il doppio click con il tasto sinistro del mouse seleziona la parola e posiziona il cursore di inserimento all'inizio della stessa. Il trascinamento, dopo aver effettuato un doppio clic, determina una selezione di parole intere.

Un triplo clic con il tasto sinistro del mouse seleziona tutto il testo presente nella casella di testo, e posiziona il cursore di inserimento prima del primo carattere. Le estremità della selezione possono essere regolate trascinando con il pulsante sinistro del mouse tenendo premuto contemporaneamente il tasto Shift.

Cliccando il pulsante sinistro del mouse, con il tasto Ctrl premuto, si posiziona il cursore di inserimento nella voce senza modificare la selezione. Digitando dei caratteri in una casella di stampa, essi vengono inseriti nel punto in cui è posizionato il cursore di inserimento.
La visualizzazione della casella di testo può essere regolata trascinando con il tasto sinistro del mouse. Se il tasto sinistro del mouse viene cliccato senza spostare il mouse, la selezione viene copiata nella casella, nella posizione d'inserimento del cursore.

Se il mouse viene trascinato fuori dalla casella, sui lati destro o sinistro mentre si preme il tasto sinistro, la voce scorrerà automaticamente per rendere più visibile il testo. I tasti freccia sinistra e destra spostano il cursore di inserimento di un carattere verso sinistra o verso destra; permettono inoltre di cancellare qualsiasi selezione in ingresso e di impostare l'ancora di selezione.

Il tasto Home o control-a, sposta il cursore di inserimento all'inizio della casella e annulla qualsiasi selezione già presente in essa. Shift-Home sposta il cursore di inserimento all'inizio della casella ed estende la selezione fino a quel punto.

Il tasto Fine, o control-e, sposta il cursore di inserimento alla fine della casella ed elimina qualsiasi selezione nella casella. Shift-Fine sposta il cursore alla fine e estende la selezione fino a quel punto.

Il taso Ctrl-/ seleziona tutto il testo nella casella, mentre Ctrl-\ cancella qualsiasi selezione nella casella.

Il tasto canc cancella la selezione, se presente nella casella. Se non c'è selezione, cancella il carattere a destra del cursore di inserimento. Il tasto backspace e Ctrl-h eliminano la selezione, se presente nella casella. Se non c'è selezione, cancellano il carattere a sinistra del cursore di inserimento. Ctrl -d cancella il carattere a destra del cursore di inserimento. Ctrl -k cancella tutti i caratteri a destra del cursore di inserimento. Ctrl -w cancella la parola a sinistra del cursore di inserimento. Ctrl -t inverte l'ordine dei due caratteri alla destra del cursore di inserimento.

Vediamo allora un esempio:

```
#!/usr/bin/Ruby
#Encoding:ISO-8859-1

require 'tk'

root = TkRoot.new
root.title = "Finestra"

casella1 = TkEntry.new(root)
casella2 = TkEntry.new(root) do
     show '*'
end

variabile1 = TkVariable.new
variabile2 = TkVariable.new
casella1.textvariable = variabile1
casella2.textvariable = variabile2
variabile1.value = "Inserire una stringa di testo"
variabile2.value = "Inserire la password"
casella1.place('height' => 25,
          'width'  => 150,
          'x'      => 10,
          'y'      => 10)
```

```
casella2.place('height' => 25,
               'width'  => 150,
               'x'      => 10,
               'y'      => 40)

Tk.mainloop
```

Il risultato è riportato nella Figura 11.11.

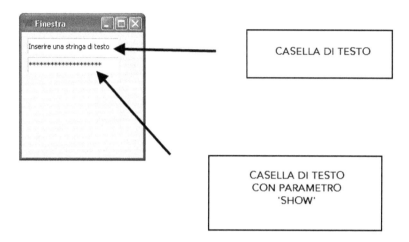

Figura 11.10 – Il widget Entry

Il widget TkCheckButton

Un checkbutton (pulsante di opzione) rappresenta un pulsante che ci consente di effettuare delle scelte tra valori preimpostati, una volta effettuata la scelta sarà invocata una callback di comando. Un checkbutton può visualizzare una stringa di testo, una bitmap o un'immagine. Se viene visualizzato del testo, deve essere tutto in un singolo font, ma può occupare più righe sullo schermo, e uno dei caratteri può opzionalmente essere sottolineato utilizzando l'opzione underline.

Un checkbutton ha lo stesso comportamento di un semplice pulsante: può quindi essere visualizzato in uno dei tre modi diversi, secondo l'opzione state; può quindi apparire in rilievo, incavato, o appiattito; può inoltre lampeggiare e si richiama un comando Tcl ogni volta che il tasto sinistro del mouse fa clic sul checkbutton. Le scelte disponibili nei checkbutton possono essere selezionate senza risultare tra di loro alternative.

La sintassi per creare questo widget è la seguente:

```
TkCheckbutton.new(root) {
..... Opzioni Standard....
..... Opzioni Specifiche....
}
```

Le opzioni standard disponibili per tale widget sono:
- activebackground
- activeforeground
- anchor
- background
- bitmap
- borderwidth
- compound
- cursor
- disabledforeground
- font
- foreground
- highlightbackground
- highlightcolor
- highlightthickness
- image
- justify
- padx
- pady
- relief
- takefocus
- text
- textvariable
- underline
- wraplength

Mentre le opzioni specifiche di questo widget sono:
1. command => Stringa
Specifica un comando Ruby da associare al pulsante. Questo comando
è in genere richiamato quando il tasto sinistro del mouse viene rilasciato sul pulsante. È inoltre possibile associare un metodo Ruby da eseguire quando si fa click con il mouse. Possono essere invocate delle
funzioni built-in utilizzando le seguenti opzione di comando:
- deselect: deseleziona il checkbutton e imposta la variabile associata
al suo valore "off".
- Flash: fa lampeggiare il checkbutton. Questo si ottiene mostrando la
checkbutton più volte, alternando colori attivi e normali.
- select: seleziona il checkbutton e imposta la variabile associata al
suo valore "on".

- toggle: attiva o disattiva lo stato di selezione del pulsante, si mostra di nuovo e modificandone la variabile associata in modo da visualizzare il nuovo stato.

2. height => Intero
Specifica l'altezza desiderata per il pulsante.

3. indicatoron => booleano
Specifica se l'indicatore deve essere disegnato.

4. offvalue => Intero
Specifica il valore da memorizzare nella variabile associata al pulsante ogni volta che questo pulsante viene deselezionato. Il valore predefinito è 0.

5. onvalue => Intero
Specifica il valore da memorizzare nella variabile associata al pulsante ogni volta che lo si seleziona. Il valore predefinito è 1.

6. selectColor => Stringa
Specifica un colore di sfondo da utilizzare quando si seleziona il pulsante. Se indicatoron è true, allora il colore si applica all'indicatore. Se indicatoron è false, questo colore viene utilizzato come sfondo per tutto il widget.

7. selectimage => Immagine
Specifica un'immagine da visualizzare quando viene selezionato il checkbutton. Questa opzione viene ignorata se non è stata specificata l'opzione immagine.

8. state => Stringa
Specifica uno dei tre stati associati al pulsante: normal, active, o disabled. Nello stato normal, il pulsante viene visualizzato utilizzando le opzioni foreground e background. Lo stato active viene in genere utilizzato quando il puntatore si trova sopra il pulsante. In stato active il pulsante viene visualizzato utilizzando le opzioni activeforeground e activebackground. Stato disabled significa che il pulsante deve risultare insensibile.

9. variable => Variabile
Specifica il nome di una variabile globale impostata per indicare se si seleziona questo pulsante. Il valore predefinito è il nome del pulsante all'interno del sua classe genitore.

10. width => Intero
Specifica la larghezza desiderata per il pulsante.

La libreria Tk di Ruby crea automaticamente le associazioni di classe
per i checkbuttons che attribuiscono loro il seguente comportamento
di default:
- un checkbutton si attiva ogni volta che il cursore passa sopra di esso
e si disattiva ogni volta che il cursore fuoriesce dal checkbutton.
- Quando il tasto sinistro del mouse viene premuto su un checkbutton
esso viene attivato.
- Quando un checkbutton ha il focus, premendo la barra spaziatrice il
checkbutton viene attivato.
Se lo stato del checkbutton è disabled, quindi nessuna delle azioni di
cui sopra si verifica, allora il checkbutton è completamente inattivo.

Come sempre analizziamo un esempio per meglio comprendere
l'utilizzo del widget checkbutton.

```ruby
#!/usr/bin/Ruby
#Encoding:ISO-8859-1


require 'tk'
root = TkRoot.new
root.title = "Finestra"

Pulsante1 = TkCheckButton.new(root) do
  text "Luigi"
  indicatoron "true"
  background  "blue"
  relief "groove"
  height 2
  width 2
  onvalue 'Luigi'
  place('height' => 25,'width' => 100, 'x' => 10, 'y'=> 10)
  command (select)
end
Pulsante2 = TkCheckButton.new(root) do
  text "Simone"
  background  "blue"
  relief "groove"
  height 2
  width 2
  onvalue 'Simone'
  place('height' => 25,'width' => 100, 'x' => 10, 'y'=> 40)
end
Tk.mainloop
```

Nel codice proposto, si creano due pulsanti di opzione che ci consentono di selezionare altrettante alternative di nomi; dopo aver importato
il set di caratteri ISO-8859-1 e caricato il modulo di estensione TK,

creiamo una struttura di livello root usando una nuova istanza della classe TKRoot attraverso l'istruzione TkRoot.new. Attribuiamo un titolo alla nuova struttura (root.title = "Finestra"), e passiamo a creare i pulsanti di opzione:

```
Pulsante1 = TkCheckButton.new(root) do
  text "Luigi"
  indicatoron "true"
  background  "blue"
  relief "groove"
  height 2
  width 2
  onvalue 'Luigi'
  place('height' => 25,'width' => 100, 'x' => 10, 'y'=> 10)
  command (select)
end
```

In tale blocco di codice definiamo l'aspetto e le azioni che il pulsante dovrà assumere: quindi specificheremo il testo da visualizzare (text "Luigi"), l'aspetto e le dimensioni.

```
indicatoron "true"
background  "blue"
relief "groove"
height 2
width 2
```

Quindi il valore che dovrà essere memorizzato nel caso venga selezionato.

```
onvalue 'Luigi'
```

Definiamo poi la posizione, nella struttura finestra, che il checkbutton dovrà assumere.

```
place('height' => 25,'width' => 100, 'x' => 10, 'y'=> 10)
```

Infine e solo per questo pulsante viene definita l'opzione di selezione di default, nel senso che risulterà il valore selezionato anche senza l'intervento dell'utente.

```
command (select)
```

Per l'altro pulsante si ragiona in modo simile. Il risultato è riportato nella Figura 11.12.

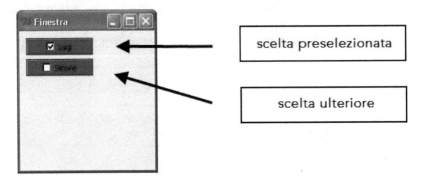

Figura 11.10 – Il widget CheckButton

Il widget TkRadiobutton

Il widget RadioButton consente di scegliere tra una serie di scelte mutuamente esclusive, quindi a differenza del checkbutton, non è limitata a solo due scelte. I controlli Radiobutton vengono utilizzati in set e sono particolarmente indicati quando il numero di scelte è abbastanza piccolo.

Un RadioButton può visualizzare una stringa di testo, una bitmap o un'immagine. Se viene visualizzato del testo, deve essere tutto in un singolo font, ma può occupare più righe sullo schermo, e uno dei caratteri può opzionalmente essere sottolineato utilizzando l'opzione underline.

Un RadioButton ha lo stesso comportamento di un semplice pulsante: può quindi essere visualizzato in uno dei tre modi diversi, secondo l'opzione state; può quindi apparire in rilievo, incavato, o appiattito; può inoltre lampeggiare e si richiama un comando Tcl ogni volta che il tasto sinistro del mouse fa clic sul RadioButton.

La sintassi per creare questo widget è la seguente:

```
TkRadiobutton.new(root) {
    ..... Opzioni Standard....
    ..... Opzioni Specifiche....
}
```

Le opzioni standard disponibili per tale widget sono:
- activebackground
- activeforeground
- anchor
- background

- bitmap
- borderwidth
- compound
- cursor
- disabledforeground
- font
- foreground
- highlightbackground
- highlightcolor
- highlightthickness
- image
- justify
- padx
- pady
- relief
- takefocus
- text
- textvariable
- underline
- wraplength

Mentre le opzioni specifiche di questo widget sono:

1. command => Stringa

Specifica un comando Ruby da associare al pulsante. Questo comando è in genere richiamato quando il tasto sinistro del mouse viene rilasciato sul pulsante. È inoltre possibile associare un metodo Ruby da eseguire quando si fa click con il mouse. Possono essere invocate delle funzioni built-in utilizzando le seguenti opzione di comando:

- deselect: deseleziona il RadioButton e imposta la variabile associata al suo valore "off".

- Flash: fa lampeggiare il RadioButton. Questo si ottiene mostrando la RadioButton più volte, alternando colori attivi e normali.

- select: seleziona il RadioButton e imposta la variabile associata al suo valore "on".

- toggle: attiva o disattiva lo stato di selezione del pulsante, si mostra di nuovo e modificandone la variabile associata in modo da visualizzare il nuovo stato.

2. height => Intero

Specifica l'altezza desiderata per il pulsante.

3. indicatoron => booleano

Specifica se l'indicatore deve essere disegnato.

4. offvalue => Intero
Specifica il valore da memorizzare nella variabile associata al pulsante ogni volta che questo pulsante viene deselezionato. Il valore predefinito è 0.

5. onvalue => Intero
Specifica il valore da memorizzare nella variabile associata al pulsante ogni volta che lo si seleziona. Il valore predefinito è 1

6. selectColor => Stringa
Specifica un colore di sfondo da utilizzare quando si seleziona il pulsante. Se indicatoron è true, allora il colore si applica all'indicatore. Se indicatoron è false, questo colore viene utilizzato come sfondo per tutto il widget.

7. selectimage => Immagine
Specifica un'immagine da visualizzare quando viene selezionato il radiobutton. Questa opzione viene ignorata se non è stata specificata l'opzione immagine.

8. state => Stringa
Specifica uno dei tre stati associati al pulsante: normal, active, o disabled. Nello stato normal, il pulsante viene visualizzato utilizzando le opzioni foreground e background. Lo stato active viene in genere utilizzato quando il puntatore si trova sopra il pulsante. In stato active il pulsante viene visualizzato utilizzando le opzioni activeforeground e activebackground. Stato disabled significa che il pulsante deve essere insensibile.

9. variable => Variabile
Specifica il nome di una variabile globale impostata per indicare se si seleziona questo pulsante. Il valore predefinito è il nome del pulsante all'interno del sua classe genitore.

10. width => Intero
Specifica la larghezza desiderata per il pulsante.

La libreria Tk di Ruby crea automaticamente le associazioni di classe per i Radiobuttons che attribuiscono loro il seguente comportamento di default:
   - un RadioButton si attiva ogni volta che il mouse passa sopra di esso e si disattiva ogni volta che il mouse fuoriesce dal RadioButton.

- Quando il pulsante sinistro del mouse viene premuto su un Radio-Button esso viene richiamato.
- Quando un RadioButton ha il focus, premendo la barra spaziatrice il checkbutton viene richiamato.

Se lo stato del RadioButton è disabled, quindi nessuna delle azioni di cui sopra si verifica, allora il RadioButton è completamente insensibile.

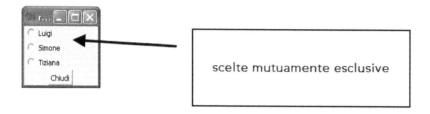

scelte mutuamente esclusive

Figura 11.13 – Il widget RadioButton

Come sempre analizziamo un esempio per meglio comprendere l'utilizzo del widget RadioButton.

```
#!/usr/bin/Ruby
#Encoding:ISO-8859-1

require "tk"

def print_v
  print $v, "\n"
end

$v = TkVariable.new

TkRadioButton.new {
  text 'Luigi'
  variable $v
  value 'Luigi'
  anchor 'w'
  pack('side' => 'top', 'fill' => 'x')
}
TkRadioButton.new {
  text 'Simone'
  variable $v
  value 'Simone'
  anchor 'w'
pack('side' => 'top', 'fill' => 'x')
}
TkRadioButton.new {
  text 'Tiziana'
  variable $v
  value 'Tiziana'
  anchor 'w'
  pack('side' => 'top', 'fill' => 'x')
```

```
  }

  TkButton.new {
    text 'Chiudi'
    command 'exit'
    pack
  }

  Tk.root.bind "1", proc{print_v}

  Tk.mainloop
```

Il risultato è riportato nella Figura 11.13.

Il widget TkListbox

Una list box (casella di riepilogo) è un controllo grafico che permette all'utente di selezionare uno o più elementi da una lista. In caso sia presente un numero elevato di elementi nella lista, per evitare di occupare una quantità eccessiva di spazio sullo schermo, viene mostrata una scrollbar verticale che permette lo scorrimento dell'intera lista, utilizzando le opzioni standard xscrollcommand e yscrollcommand. Alcune implementazioni possono prevedere la selezione multipla di elementi, la selezione esclusiva degli elementi, la deselezione di elementi già selezionati, il riordinamento della lista.

Una list box visualizza quindi un elenco di elementi di testo a riga singola, e permette all'utente di scorrere l'elenco, e selezionare una o più voci. Una volta creata, una nuova casella di riepilogo non possiede elementi; essi possono essere aggiunti o eliminati con metodi aggiuntivi. Inoltre, uno o più elementi possono essere scelti fra gli elementi elencati.

La sintassi per creare questo widget è la seguente:

```
  TkListbox.new(root) {
    ..... Opzioni Standard....
    ..... Opzioni Specifiche....
  }
```

Le opzioni standard disponibili per tale widget sono:
- background
- borderwidth
- cursor
- disabledforeground
- exportselection
- font

- foreground
- hight
- highlightbackground
- highlightcolor
- highlightthickness
- offset
- relief
- selectbackground
- selectborderwidth
- selectforeground
- setgrid
- takefocus
- tile
- width
- xscrollcommand
- yscrollcommand

Mentre le opzioni specifiche di questo widget sono:

1. activestyle => Stringa
Specifica lo stile con cui disegnare l'elemento attivo. Questo può essere: dotbox, none o underline. Il valore predefinito è underline.

2. height => Intero
Specifica l'altezza desiderata per la finestra, in linee. Se è zero o meno, allora l'altezza della finestra è tale da contenere tutti gli elementi presenti nella lista.

3. listvariable => Variabile
Specifica il riferimento di una variabile. Il valore della variabile è un array che deve essere visualizzato all'interno widget; se il valore della variabile cambia, il widget si aggiorna automaticamente per contenere il nuovo valore.

4. selectmode => Stringa
Specifica uno dei diversi stili presenti per manipolare la selezione. Il valore dell'opzione può essere arbitraria, ma di default sono: single, browse, multiple, o extended; il valore predefinito è browse.

5. state => Stringa
Specifica uno dei due stati per la casella di riepilogo: normal o disabled. Se la casella di riepilogo è disabilitata allora gli elementi non possono essere inseriti o cancellati.

6. width => Intero

Specifica la larghezza desiderata per la finestra in caratteri. Se il font non ha una larghezza uniforme, allora la larghezza del carattere "0" viene utilizzato come unità di carattere per lo schermo. Se è zero o meno, allora l'altezza della finestra è tale da contenere tutti gli elementi presenti nella lista.

Ci sono poi vari modi per manipolare gli elementi di una ListBox, di seguito li vediamo nel dettaglio.

- Il metodo **listvariable**: permette di collegare una variabile (che deve essere in possesso di un elenco) agli elementi della casella di riepilogo. Ogni elemento di questa variabile è una stringa che rappresenta un elemento nella casella di riepilogo. Quindi, per aggiungere, rimuovere o riordinare gli elementi nella casella di riepilogo, si può semplicemente modificare questa variabile come si farebbe con qualsiasi altra lista.

- Il metodo **insert idx item ?item... ?** viene utilizzato per aggiungere uno o più elementi alla lista; "idx" è un indice a base 0 che indica la posizione dell'elemento davanti al quale va aggiunto l'elemento (s); specificare "end" per inserire i nuovi elementi alla fine della lista.

- Il metodo **delete first ?last?** viene utilizzato per cancellare uno o più elementi dalla lista; "first" e "last" sono indici utilizzati allo stesso modo del metodo "insert".

- Il metodo **get first ?last?** restituisce il contenuto di un singolo elemento nella posizione indicata, o un elenco di elementi tra "first" e "last".

- Il metodo **size** restituisce il numero di elementi nella lista.

- Il metodo **curselection** viene utilizzato per scoprire quale elemento o quali elementi presenti nella casella di riepilogo sono stati selezionati dall'utente. Sarà restituito l'elenco degli indici di tutti gli elementi attualmente selezionati; può essere restituito anche un elenco vuoto.

- Il metodo **selection clear first ?last?** viene utilizzato per deselezionare un singolo elemento, o un qualsiasi intervallo di indici specificati.

- Il metodo **selection set first ?last?** viene utilizzato per selezionare una voce, o tutti gli elementi di un intervallo.

- Il metodo **XView(args)** è utilizzato per interrogare e modificare la posizione orizzontale delle informazioni nella finestra del widget.

- Il metodo **yview(?args?)** è utilizzato per interrogare e modificare la posizione verticale del testo nella finestra del widget.

Molti dei metodi visti per le listbox accettano uno o più indici come argomenti. Un indice specifica un particolare elemento della listbox, in uno dei seguenti modi:

- number: un numero decimale fornisce la posizione del carattere desiderato all'interno dell'elemento di testo. 0 si riferisce al primo carattere, 1 al carattere successivo, e così via.
- active: indica l'elemento che ha il cursore in posizione. Questo elemento viene visualizzato con una sottolineatura quando la casella di riepilogo ha il focus della tastiera, ed è specificato il metodo di attivazione.
- anchor: indica il punto di ancoraggio per la selezione, che è impostato con il metodo di selezione di ancoraggio.
- end: indica la fine della casella di riepilogo. Per alcuni comandi significa appena dopo l'ultimo elemento; per altri comandi significa l'ultimo elemento.

La libreria Tk di Ruby crea automaticamente le associazioni di classe per le Listbox che attribuiscono loro uno specifico comportamento. Gran parte del comportamento di una casella di riepilogo è determinata dall'opzione selectmode, che seleziona uno dei quattro modi di affrontare la selezione. Se la modalità di selezione è single o browse, al massimo un elemento nella casella di riepilogo, può essere selezionato in una sola volta. In entrambe le modalità, facendo clic sul tasto sinistro del mouse, è selezionato/deselezionato un elemento. Nel modo browse, è possibile inoltre trascinare la selezione sempre con il tasto sinistro.
Se la modalità di selezione è multiple o extended, è possibile selezionare un qualsiasi numero di elementi in una sola volta, tra cui intervalli discontinui. In modalità multiple, cliccando su un elemento con il tasto sinistro del mouse si commuta il suo stato di selezione senza influenzare gli altri elementi. In modalità extended, cliccando con il tasto sinistro del mouse su un elemento si seleziona/deseleziona tutto il resto, e si imposta l'ancora sull'elemento che si trova sotto al mouse; trascinando il mouse con il pulsante sinistro si estende la selezione per includere tutti gli elementi tra l'ancora e l'elemento sotto al mouse.
In generale si troverà comodo utilizzare la modalità browse per le selezioni singole e la modalità extended per selezioni multiple; le altre modalità risultano essere utili solo in situazioni particolari.

Vediamo allora un esempio:

```
#!/usr/bin/Ruby
#Encoding:ISO-8859-1
require "tk"

root = TkRoot.new
root.title = "Finestra"
list = TkListbox.new(root) do
```

```
    width 20
    height 10
    setgrid 1
    selectmode 'multiple'
    pack('fill' => 'x')
  end

  list.insert 0, "rosa", "iris", "galle",
    "margherita", "tulipano", "viola", "geranio", "ortensia",
    "gardenia", "gelsomino", "giglio", "peonia"

  Tk.mainloop
```

Il risultato è riportato nella Figura 11.14.

Figura 11.14 – Il widget Listbox

Il widget TkComboBox

Un combo box (casella combinata) è un controllo grafico che permette all'utente di effettuare una scelta scrivendola in una casella di testo o selezionandola da un elenco. Il nome, Combo box, è dovuto proprio alle caratteristiche di questo controllo utente che è la combinazione di una Text box con una List box.

Questo controllo grafico ha caratteristiche molto simili a quelle di un Drop-down List ma si differenzia da quest'ultimo proprio per la possibilità di effettuare una scelta alternativa, scrivendola, rispetto agli elementi presenti nella lista.

Quando disabilitato, un Combo box, mostra solo un valore (solitamente corrispondente all'ultima scelta effettuata), una volta attivato viene mostrata tutta la lista dei possibili valori. Un classico esempio di Combo box è la barra degli indirizzi di un browser web.

La sintassi per creare questo widget è la seguente:

```
Tk::BWidget::ComboBox.new(root){
  .....Options....
}
```

Le opzioni disponibili per tale widget sono quelle utilizzabili per i controlli TkEntry e TkListbox, già visti in precedenza. Il widget ComboBox eredita, inoltre, gli eventi di binding dai controlli TkEntry e TkListbox. Vediamo allora un esempio:

```
#!/usr/bin/Ruby
#Encoding:ISO-8859-1

require 'tk'
require 'tkextlib/bwidget'


root = TkRoot.new
root.title = "Finestra"

combobox = Tk::BWidget::ComboBox.new(root)
combobox.values = [a, b, c, d, e]
combobox.place('height' => 25,
               'width'  => 100,
               'x'      => 10,
               'y'      => 10)

Tk.mainloop
```

Il widget TkMenu

Un menu riporta una lista di comandi offerti ad un utente dal computer attraverso la sua interfaccia grafica, cosicché posizionando e/o cliccando con il tasto sinistro del mouse su determinati pulsanti si potranno attivare altrettanti comandi senza avere la necessità di impartirli da riga di comando.

Gli elementi che compongono il menu possono essere considerati delle scorciatoie a comandi usati frequentemente, che permettono all'utente di evitare di avere una conoscenza approfondita del sistema che sta usando e della esatta sintassi dei suoi comandi. Il menu quindi rappresenta un'alternativa all'interfaccia a riga di comando, dove le istruzioni al computer vengono date invece in forma di comandi testuali.

Il widget TkMenu visualizza una raccolta di voci disposte in una o più colonne. Sono disponibili diversi tipi di voci, ciascuna con caratteristiche differenti; voci di tipi diversi possono essere combinate in un unico menu. Un menu visualizza quindi un elenco di elementi di testo a riga singola, e permette all'utente di scorrere l'elenco, e selezionare una o più voci. Una volta creato, un menu non possiede elementi; essi possono essere aggiunti o eliminati con metodi aggiuntivi. Inoltre, uno o più elementi possono essere scelti fra gli elementi elencati.

La sintassi per creare questo widget è la seguente:

```
TkMenu.new(root){
    ..... Opzioni Standard....
    ..... Opzioni Specifiche....
}
```

Le opzioni standard disponibili per tale widget sono:
- activebackground
- background
- disabledforeground
- relief
- activeborderwidth
- borderwidth
- font
- takefocus
- activeforeground
- cursor
- foreground

Mentre le opzioni specifiche di questo widget sono:
1. postcommand => Stringa
Se questa opzione viene specificata, allora fornisce una callback da e-seguire ogni volta che il menu è attivato. La callback viene richiamata dal metodo POST prima di attivare il menu.

2. selectColor => Stringa
Per le voci di menu che rappresentano pulsanti di controllo o pulsanti di opzione, questa opzione specifica il colore da visualizzare nell'indicatore quando si seleziona il pulsante.

3 .tearoff => Intero
Questa opzione di tipo booleano specifica se il menu deve includere una linea tratteggiata in alto. Una linea tratteggiata nella parte superiore di essa (linea di strappo), è indicativa del fatto che facendo clic su di essa, si scollega il menu presente sotto di essa trasformandolo in una finestra separata.

4. tearoffcommand => Stringa
Se questa opzione ha un valore non vuoto, allora si specifica un callback di Ruby da richiamare ogni volta che il menu è spostato.

5. title => Stringa
La stringa sarà utilizzata per fornire un titolo alla finestra creata quando questo menu è spostato. Se il titolo è NULL, allora la finestra avrà il ti-

tolo del MenuButton o il testo della voce a cascata da cui questo menu è stato invocato.

6. type => Stringa
Questa opzione può assumere uno dei valori: menubar,tearoff, o normal, ed è impostata al momento della creazione del menu.

Ci sono vari modi per creare e modificare un menu:
- **activate(index)**: tale metodo viene utilizzato per modificare lo stato della voce indicata da index per renderlo attivo e visualizzarlo utilizzando i suoi colori attivi.
- **add(type, ?option, value, option, value, ...?)**: tale metodo viene utilizzato per aggiungere una nuova voce nella parte inferiore del menu. Il nuovo tipo di voce è specificata dalla tipologia che può essere: cascade, checkbutton, command, radiobutton, o separator, oppure un'abbreviazione di uno dei precedenti.
- **delete(index1?, index2?)**: tale metodo viene utilizzato per eliminare tutte le voci di menu tra index1 e index2 inclusi. Se index2 viene omesso, allora di default è posto pari a index1.
index(index): restituisce l'indice numerico corrispondente a index, o none se l'indice è stato specificato come none.
insert(index, type?, option=>value, ...?): tale metodo è uguale al metodo add tranne che inserisce la nuova voce appena prima di index, invece di aggiungerla alla fine del menu. Il tipo, l'opzione, e gli argomenti hanno la stessa interpretazione data al metodo add.
- **invoke(index)**: il metodo viene utilizzato per richiamare l'azione dalla voce di menu.
- **post (x, y)**: tale metodo viene utilizzato per organizzare il menu da visualizzare sullo schermo della finestra principale tramite le coordinate x e y.
- **postcascade (index)**: tale metodo invia messaggi al sottomenu associato alla voce cascade data dall'indice, annullando l'invio di qualsiasi sottomenu postato in precedenza.
- **type(index)**: tale metodo restituisce il tipo di voce di menu in base all'indice.
- Il metodo **unpost** riconverte la finestra in modo che non venga visualizzata più.
- Il metodo **yposition (index)** restituisce una stringa decimale fornendo la coordinata y all'interno della finestra del menu del pixel più in alto della voce specificata da index.
Sono supportati di default quattro diversi modi di utilizzo dei menu predefiniti, tali possibili scelte sono indicate di seguito:

1. Pulldown Menu: Questo è il caso più comune. È possibile creare un widget MenuButton per ogni menu di primo livello, e in genere organizzare una serie di menubuttons in una riga di una finestra del tipo barra dei menu. È inoltre possibile creare i menu di primo livello e dei sottomenu a cascata, e legarli insieme con le opzioni di menu nel menubuttons e le voci di menu a cascata.

2. Popup Menu: i menu popup di solito inviano una risposta ad una pressione di un tasto del mouse o della tastiera. È possibile creare dei menu a comparsa e dei sottomenu a cascata, quindi si chiama il metodo Popup al momento di visualizzare il menu di primo livello.

3. Option menu: un menu di opzioni è costituito da un MenuButton con abbinato un menu che consente di selezionare uno dei diversi valori. Il valore attuale viene visualizzato nel MenuButton ed è anche memorizzato in una variabile globale. Bisogna utilizzare la classe Optionmenu per creare menubuttons di opzione e i loro menu.

4. Torn-off menu: È possibile creare un menu spostabile richiamando la voce di strappo (linea tratteggiata) presente nella parte superiore di un menu esistente. Gli attacchi di default creeranno un nuovo menu che rappresenta una copia del menu originale, e lo lasceranno visualizzato in modo permanente come una finestra di primo livello. Il menu strappato si comporta in modo esattamente uguale al menu originale.

La libreria Tk di Ruby crea automaticamente le associazioni di classe per i menu che attribuiscono loro il seguente comportamento di default:
- Quando il mouse seleziona un menu, la voce sotto il cursore del mouse si attiva; quando il mouse si sposta all'interno dei menu, vengono inviati messaggi per monitorare il movimento del mouse.
- Quando il mouse lascia un menu tutte le voci del menu si disattivano, ad eccezione del caso particolare in cui il mouse si sposta da un menu ad un sottomenu a cascata.
- Quando viene rilasciato un tasto su un menu, la voce attiva (se presente) viene richiamata.
- Il tasto Esc interrompe una selezione di menu in corso senza invocare una voce.
- I tasti Su e Giù attivano immediatamente la voce superiore o inferiore nel menu.
- Il tasto freccia sinistra passa al menu successivo a sinistra.
- Il tasto freccia destro passa al menu successivo a destra.

- Voci di menu disabilitate risultano non-sensibili: non si attivano e ignorano la pressione dei tasti del mouse.

Vediamo allora un esempio:

```ruby
#!/usr/bin/Ruby
#Encoding:ISO-8859-1

require "tk"

root = TkRoot.new
root.title = "Finestra"


menu_click = Proc.new {
  Tk.messageBox(
    'type'    => "ok",
    'icon'    => "info",
    'title'   => "Title",
    'message' => "Message"
  )
}

file_menu = TkMenu.new(root)

file_menu.add('command',
              'label'     => "Nuovo...",
              'command'   => menu_click,
              'underline' => 0)
file_menu.add('command',
              'label'     => "Apri...",
              'command'   => menu_click,
              'underline' => 0)
file_menu.add('command',
              'label'     => "Chiudi",
              'command'   => menu_click,
              'underline' => 0)
file_menu.add('separator')
file_menu.add('command',
              'label'     => "Salva",
              'command'   => menu_click,
              'underline' => 0)
file_menu.add('command',
              'label'     => "Salva come...",
              'command'   => menu_click,
              'underline' => 5)
file_menu.add('separator')
file_menu.add('command',
              'label'     => "Esci",
              'command'   => menu_click,
              'underline' => 3)

menu_bar = TkMenu.new
menu_bar.add('cascade',
             'menu'  => file_menu,
             'label' => "File")
root.menu(menu_bar)
Tk.mainloop
```

Il risultato è riportato nella Figura 11.15.

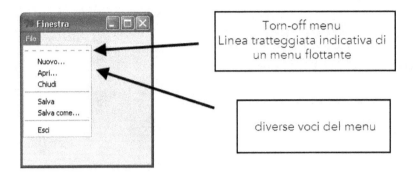

Figura 11.15 – Il widget Menu

Il widget TkMenubutton

Il widget MenuButton visualizza una stringa di testo, una bitmap, o un'immagine e la associa a un widget del tipo menu. Se viene visualizzato del testo, deve essere tutto in un singolo font, ma può occupare più righe sullo schermo, e uno dei caratteri può opzionalmente essere sottolineato utilizzando l'opzione underline. I Menubuttons sono in genere organizzati in gruppi chiamati barre dei menu.

Premendo il tasto sinistro del mouse sul MenuButton, è visualizzato il menù associato al di sotto di tale voce (menu a discesa). Un menu a discesa viene attivato cliccando su uno degli elementi della barra dei menu e consiste appunto di una tendina di elementi alternativi selezionabili.

La sintassi per creare questo widget è la seguente:

```
TkMenuButton.new(root){
    ..... Opzioni Standard....
    ..... Opzioni Specifiche....
}
```

Le opzioni standard disponibili per tale widget sono:
- activebackground
- cursor
- highlightthickness
- takefocus
- activeforeground
- disabledforeground
- image

- text
- anchor
- font
- justify
- textvariable
- background
- foreground
- padx
- underline
- bitmap
- highlightbackground
- pady
- wraplength
- borderwidth
- highlightcolor
- relief

Mentre le opzioni specifiche di questo widget sono:
1. compound => Stringa
Specifica se il widget deve visualizzare del testo e delle bitmap allo stesso tempo, e in caso affermativo, specifica dove la bitmap deve essere posizionata in relazione al testo. Può assumere uno dei valori **none**, **bottom**, **top**, **left**, **right**, o **center**.

2. direction => Stringa
Specifica dove il menu deve dirigere la finestra pop up. **Above** apre il menu sopra la voce del MenuButton; **below** sotto, **left** a sinistra, **right** a destra, **flush** apre il menu direttamente sul MenuButton.

3. height => Intero
Specifica l'altezza desiderata per il MenuButton.

4. indicatoron => booleano
Specifica se deve essere disegnato un indicatore a forma di freccia a destra della voce di menu.

5. menu => Stringa
Specifica il nome del percorso del menu associato a questo MenuButton. Il menu deve essere figlio del MenuButton.

6. state => Stringa
Specifica uno dei tre stati per il MenuButton: normal, active, o disabled.

7. width => Intero
Specifica una larghezza desiderata per il MenuButton.

Vediamo allora un esempio:

```
#!/usr/bin/Ruby
#Encoding:ISO-8859-1

require "tk"

mbar = TkFrame.new {
  relief 'raised'
  borderwidth 2
}
mbar.pack('fill' => 'x')

TkMenubutton.new(mbar) {|mb|
  text "File"
  underline 0
  menu TkMenu.new(mb) {
    add 'command', 'label' => 'Nuovo...', 'underline' => 0,
    'command' => proc {print "apri un nuovo file\n"}
    add 'command', 'label' => 'Esci',
    'underline' => 0, 'command' => proc{exit}
  }
  pack('side' => 'left', 'padx' => '1m')
}

TkMenubutton.new(mbar) {|mb|
  text "Help"
  underline 0
  menu TkMenu.new(mb) {
    add 'command', 'label' => 'Info', 'underline' => 0,
    'command' => proc {print "Menu di esempio.\n"}
  }
  pack('side' => 'left', 'padx' => '1m')
}
Tk.mainloop
```

Il widget Tk.messageBox

Un **MessageBox** rappresenta un widget che visualizza una semplice finestra di dialogo con i pulsanti predefiniti.

La sintassi per creare questo widget è la seguente:

```
Tk.messagebox{
..... Opzioni Specifiche....
}
```

Non ha opzioni standard mentre le opzioni specifiche di questo widget sono:

1. icon => Stringa
Specifica l'icona della messageBox. I valori validi sono error, info, question, o warning.

2. type => Stringa
Specifica il tipo di MessageBox. I valori validi sono abortretryignore, ok, okcancel, retrycancel, yesno, o yesnocancel. Il tipo determina i pulsanti da mostrare.

3. default => Stringa
Specifica il pulsante predefinito. Questo deve essere uno dei seguenti: abort, retry, ignore, ok, cancel, yes, o no, a seconda del tipo di MessageBox specificato in precedenza.

4. detail => Stringa
Specifica il testo per l'area di dettaglio della messageBox.

5. message => Stringa
Specifica il testo del messaggio della messageBox.

6. title => Stringa
Specifica il titolo della messageBox.

Analizziamo un esempio.

```
#!/usr/bin/Ruby

#Encoding:ISO-8859-1

require 'tk'

root = TkRoot.new

root.title = "Finestra"

msgBox = Tk.messageBox(
    'type'    => "ok",
    'icon'    => "info",
    'title'   => "Questo è il titolo",
    'message' => "Questo è il messaggio"
)

Tk.mainloop
```

Il risultato è riportato nella Figura 11.16.

Figura 11.16 – Il widget MessageBox

Il widget TKScrollbar

Uno scrollbar (barra di scorrimento) è un widget con cui testi, immagini, icone, elementi ed altri oggetti visualizzati sullo schermo all'interno di una finestra del sistema operativo o di una applicazione, possono essere traslati verticalmente o orizzontalmente permettendo all'utente la visualizzazione completa di tutti i suoi contenuti. L'utilizzo della scrollbar è detto scrolling ovvero scorrimento della finestra.

Lo scorrimento viene attuato trascinando un componente interno nella direzione della scroll bar (tipicamente un rettangolo). Una barra di scorrimento consente all'utente di vedere tutte le parti di un altro widget, il cui contenuto è in genere molto più grande di quello che può essere mostrato nella spazio disponibile sullo schermo.

Una barra di scorrimento visualizza due frecce, una in corrispondenza di ciascuna estremità della barra di scorrimento, e un cursore nella parte centrale della barra di scorrimento. La posizione e la dimensione del cursore indicano quale parte del documento è visibile nella finestra associata.

La sintassi per creare questo widget è la seguente:

```
TkScrollbar.new{
    ..... Opzioni Standard....
    ..... Opzioni Specifiche....
}
```

Le opzioni standard disponibili per tale widget sono:
- activebackground
- highlightbackground
- orient
- takefocus
- background
- highlightcolor
- relief
- troughcolor
- borderwidth

- highlightthickness
- repeatdelay
- cursor
- jump
- repeatinterval

Mentre le opzioni specifiche di questo widget sono:
1. activerelief => Stringa
Specifica il bordo da utilizzare quando si visualizza l'elemento attivo, se presente. Elementi diversi dall'elemento attivo vengono sempre visualizzati con un rilievo in alto.

2. command => Stringa
Specifica una callback da invocare per modificare la visualizzazione nel widget associato con la barra di scorrimento. Quando un utente richiede un cambiamento di vista manipolando la barra di scorrimento, la callback viene richiamata.

3. elementborderwidth => Intero
Specifica la larghezza dei bordi tracciati intorno ad elementi interni della barra di scorrimento.

4. width => Intero
Specifica la dimensione della larghezza della finestra di scorrimento, ad esclusione del confine 3-D, se presente. Per le barre di scorrimento verticali, questo valore sarà la larghezza e per le barre di scorrimento orizzontali sarà l'altezza.

Analizziamo un esempio.

```
#!/usr/bin/Ruby
#Encoding:ISO-8859-1


require "tk"

list = scroll = nil

list = TkListbox.new {
  yscroll proc{|idx|
  scroll.set *idx
  }
  width 20
  height 16
  setgrid 1
  pack('side' => 'left', 'fill' => 'y', 'expand' => 1)
}
scroll = TkScrollbar.new {
  command proc{|idx|
```

```
    list.yview *idx
    }
    pack('side' => 'left', 'fill' => 'y', 'expand' => 1)
}

for f in Dir.glob("*")
  list.insert 'end', f
end

Tk.mainloop
```

Il risultato è riportato nella Figura 11.17.

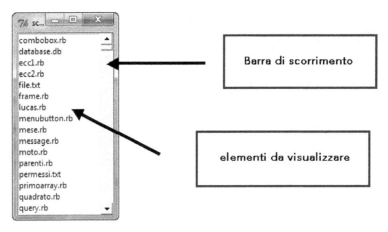

Figura 11.17– Il widget scrollbar

Posizionamento dei widget

Una volta creati, i widget dovranno essere opportunamente posizionati nell'interfaccia grafica che stiamo realizzando. Per fare questo utilizzeremo gli strumenti che la libreria Tk di Ruby ci mette a disposizione: in particolare il gestore della geometria che si basa sul concetto di master e slave.

Un master è un widget, in genere una finestra di primo livello o una cornice, che conterrà altri widget, che saranno a loro volta chiamati slave. Si può pensare a un gestore di geometria come ad un controllo del widget master, che decide ciò che sarà visualizzato al suo interno.

Il gestore di geometria utilizza le dimensioni di ciascun widget slave, e le combina con tutti gli altri parametri forniti dal programma. La libreria Tk dispone di tre manager della geometria: **place**, **grid** e **pack** che sono responsabili del controllo della dimensione e della posizione di ciascuno dei widget presenti nell'interfaccia grafica. Vediamoli nel dettaglio.

Il gestore **grid** è il gestore delle geometrie più flessibile e facile da usare. Divide la finestra genitore o il widget in righe e colonne di una tabella a due dimensioni.
È quindi possibile inserire un widget in un riga o colonna appropriata utilizzando le opzioni di riga e di colonna, rispettivamente.

La sintassi del gestore grid è la seguente:

```
grid('row'=>x, 'column'=>y)
```

Per capire l'uso delle opzioni di riga e di colonna, si consideri il seguente esempio.

```
#!/usr/bin/Ruby
#Encoding:ISO-8859-1
require 'tk'

top = TkRoot.new {title "Etichetta del widget"}

#aggiungiamo una label al widget
lb1=TkLabel.new(top){
    text 'Salve a tutti'
    background "white"
    foreground "black"
    grid('row'=>0, 'column'=>0)
}

#aggiungiamo adesso il widget casella di testo
e1 = TkEntry.new(top){
    background " white "
    foreground "black"
    grid('row'=>0, 'column'=>1)
}
Tk.mainloop
```

Il risultato è riportato nella Figura 11.18.

Il gestore **pack** racchiude il widget con il posizionamento di bordi all'interno della cavità; pack organizza i widget in righe o colonne all'interno della finestra padre o al widget stesso. Per gestire i widget facilmente, il gestore di geometria pack offre varie opzioni, quali fill, expand, e side, vediamole nel dettaglio.
- fill: tale opzione di riempimento viene utilizzata per specificare se un widget deve occupare tutto lo spazio occupato dalla finestra genitore o dal widget. Alcuni dei possibili valori che possono essere utilizzati con questa opzione sono none, x, y, o entrambi. Per impostazione predefinita, l'opzione di riempimento è impostato su none.

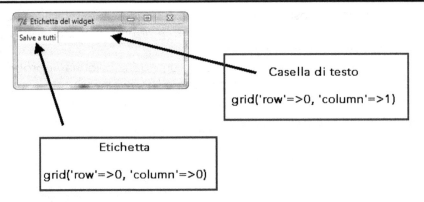

Figura 11.18– Il gestore grid

- **expand**: tale opzione viene utilizzata per specificare se un widget deve espandersi per riempire tutto lo spazio messo a disposizione dalla finestra genitore o dal widget. Il valore di default è 0, il che significa che il widget non viene espanso, l'altro valore è 1.
- **side**: tale opzione viene utilizzata per specificare il bordo su cui il widget deve essere posizionato. Possibili valori sono top, left, bottom, o right. Per impostazione predefinita, i widget sono posizionati sul bordo superiore della finestra padre.

La sintassi del gestore pack è la seguente:

```
pack('padx'=>10, 'pady'=>10, 'side'=>'left')
```

Vediamo allora un esempio del suo utilizzo.

```
#!/usr/bin/Ruby
#Encoding:ISO-8859-1

require 'tk'

top = TkRoot.new {title "Etichetta del widget"}
#aggiungiamo una label al widget
lb1=TkLabel.new(top){
    text 'Salve a tutti'
    background "white"
    foreground "black"
    pack('padx'=>10, 'pady'=>10, 'side'=>'left')
}
#aggiungiamo adesso il widget casella di testo
e1 = TkEntry.new(top){
    background "white"
    foreground "black"
    pack('padx'=>10, 'pady'=>10, 'side'=>'left')
}
Tk.mainloop
```

Il risultato è riportato nella Figura 11.19.

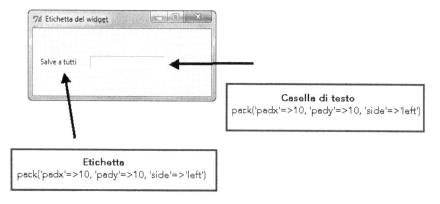

Figura 11.19– Il gestore pack

Il gestore **place**, infine, consente di inserire un widget nella posizione specificata nella finestra. È possibile specificare la posizione in termini assoluti o relativi rispetto alla finestra genitore o widget.

Per specificare una posizione assoluta, utilizzare le opzioni x e y. Per specificare una posizione relativa alla finestra genitore, utilizzare le opzioni relx e rely.

Inoltre, è possibile specificare la dimensione relativa del widget utilizzando le opzioni relwidth e relheight fornite da questo gestore di geometria. La sintassi del gestore place è la seguente:

```
place(relx'=>x, 'rely'=>y)
```

Vediamo allora un esempio del suo utilizzo.

```
#!/usr/bin/Ruby
#Encoding:ISO-8859-1
require 'tk'

top = TkRoot.new {title "Etichetta del widget"}

#aggiungiamo una label al widget
lb1=TkLabel.new(top){
    text 'Salve a tutti'
    background "white"
    foreground "black"
    place('relx'=>0.0,'rely'=>0.0)
}
#aggiungiamo adesso il widget casella di testo
e1 = TkEntry.new(top){
    background "white"
    foreground "black"
    place('relx'=>0.4,'rely'=>0.0)
```

```
    }

    Tk.mainloop
```

Il risultato è riportato nella Figura 11.20.

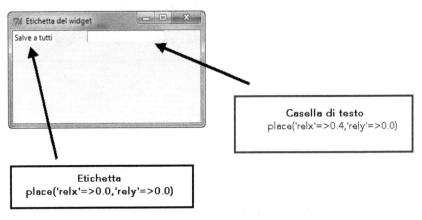

Figura 11.20– Il gestore place

Gestione degli eventi

La libreia Tk di Ruby supporta la gestione degli eventi che riceve dal sistema operativo; gli eventi non sono altro che le azioni eseguite dall'utente quali la pressione dei tasti del mouse o della tastiera, la pressione di una combinazioni di tasti, i movimenti del mouse, il ridimensionamento di una finestra, e così via.

Tk si occupa di gestire tali eventi per noi; per fare questo si occuperà di capire che cosa eseguire quando si verifica quel particolare evento. Ognuno dei widgets che abbiamo analizzato nei paragrafi precedenti, sa come rispondere agli eventi, così per esempio un pulsante potrebbe cambiare colore quando il mouse gli passa sopra, e ritornare al colore precedente quando il mouse si allontana da esso.

In occasione di un evento, la libreria Tk invoca la callback relativa, presente nel programma, per indicare che qualcosa di significativo è successo a un widget. In ogni caso, è possibile fornire un blocco di codice o un oggetto Ruby Proc, che specifica come l'applicazione risponde all'evento o alla callback.

Diamo infine uno sguardo a come utilizzare il metodo **bind** per associare gli eventi di sistema della finestra di base, alle procedure di Ruby che li gestiscono. La forma più semplice dell'applicazione del metodo bind, prende in input una stringa che indica il nome dell'evento e un blocco di codice che Tk utilizza per gestire l'evento.

Ad esempio, per catturare l'evento ButtonRelease, associato al pulsante destro del mouse, su uno specifico widget, scriveremo:

```
someWidget.bind('ButtonRelease-1') {
    .... blocco di codice per gestire questo evento...
}
```

Il nome di un evento può includere modificatori addizionali e ulteriori dettagli; dove un modificatore è una stringa come Shift, Ctrl o Alt, che indica che è stato premuto uno dei tasti di modifica.

Così, per esempio, per catturare l'evento che viene generato quando l'utente tiene premuto il tasto Ctrl e fa clic con il pulsante sinistro del mouse, scriveremo:

```
someWidget.bind ('Control-ButtonPress-3', proc {puts "Fatto!"})
```

Per molti widget di Ruby è possibile utilizzare il comando callback per specificare che un determinato blocco di codice o procedura viene richiamato quando il widget viene attivato.

Come si è visto in precedenza, è possibile specificare il comando callback quando si crea il widget:

```
helpButton = TkButton.new(buttonFrame) {
    text "Help"
    command proc { showHelp }
}
```

oppure è possibile assegnarlo in un secondo momento, utilizzando il metodo command del widget:

```
helpButton.command proc {showHelp}
```

Dal momento che il metodo command accetta in input sia le procedure che i blocchi di codice, si potrebbe anche scrivere il precedente esempio di codice nel modo seguente:

```
helpButton = TkButton.new(buttonFrame) {
```

```
      text "Help"
      command { showHelp }
   }
```

Il metodo configure

Il metodo configure può essere usato per impostare e recuperare i valori di configurazione dei widget. Ad esempio, per modificare la larghezza di un pulsante, è possibile richiamare il metodo attraverso la modalità descritta nel codice seguente:

```
#!/usr/bin/Ruby

require "tk"
button = TkButton.new {
  text 'Salve a tutti!'
  pack
}
button.configure('activebackground', 'blue')
Tk.mainloop
```

Per ottenere il valore del widget corrente, basta utilizzare il metodo come segue:

```
color = button.configure('activebackground')
```

È anche possibile richiamare il metodo **configure** senza opzioni, in tal caso otterremo una lista di tutte le opzioni ed i rispettivi valori.